教师专业化成长的思考与实践

朱正茂 / 著

安徽师范大学出版社
ANHUI NORMAL UNIVERSITY PRESS
· 芜湖 ·

图书在版编目(CIP)数据

教师专业化成长的思考与实践 / 朱正茂著. — 芜湖:安徽师范大学出版社, 2021.7(2023.9重印)
ISBN 978-7-5676-5222-4

Ⅰ.①教… Ⅱ.①朱… Ⅲ.①师资培养—研究 Ⅳ.①G451.2

中国版本图书馆CIP数据核字(2021)第139053号

教师专业化成长的思考与实践 朱正茂/著

责任编辑:房国贵
责任校对:李克非
装帧设计:张德宝
责任印制:桑国磊
出版发行:安徽师范大学出版社
芜湖市北京东路1号安徽师范大学赭山校区 邮政编码:241000
网 址:http://www.ahnupress.com/
发 行 部:0553-3883578 5910327 5910310(传真)
印 刷:苏州市古得堡数码印刷有限公司
版 次:2021年7月第1版
印 次:2023年9月第2次印刷
规 格:700 mm × 1000 mm 1/16
印 张:15.25
字 数:267千字
书 号:ISBN 978-7-5676-5222-4
定 价:58.00元

千方百计推进教师专业化成长（代前言）

教育大计，教师为本。教师是教育事业发展的第一资源，一个地区的教师质量从根本上决定着本地的教育质量，进而决定着人才的质量；一个学校的教师质量从根本上决定着一所学校的办学水平，一个教师的专业化成长水平从根本上决定着其职业生活质量和自身价值的实现程度。离开了一支高素质的教师队伍，高质量教育就失去了最可靠的支持。自新课程实施以来，桐城市高度重视教师教育培训工作，教师队伍建设成绩突出，广大教师的专业水平不断提高，基本上适应了新课程改革与发展的要求。全市以“坚持科学发展，建设教育强市”为总目标，开拓创新，务实奋进，在规范中发展，在特色中提高，实现了全市教育的高位整体协调发展，先后被授予“全国‘两基’工作先进市”“安徽省义务教育均衡发展先进市”“安徽省教育强市”等称号。

但是，在新课程改革不断深化、教师队伍日益专业化的时代背景下，在全面推进素质教育、办人民满意教育的新形势下，桐城市教师队伍的专业化成长面临着更高的要求：教师的职业道德和职业追求需要进一步提升，教育理念需要进一步更新和完善，人文素养和专业素质需要进一步丰厚和充实。桐城教育人才资源总量基本满足，但教育人才质量还有待提高；现有的教育人才资源也存在分布不合理状况，专任教师年龄结构偏大，职称结构不甚合理，优质师资比例过低，国家、省、市级名师、骨干教师过少。由于种种原因，农村中小学校难以补充新的师资，加之办学条件和生活条件的限制，留守农村中小学的多为年龄偏大的本地教师。由于受经费、时间等限制，教师得不到较好的培训学习，大部分教师存在知识老化的问题。基于此，为了全面贯彻落实党的教育方针，牢固树立人才资源是第一资源的思想，围绕科教兴国和人才强国的战略，努力创设有利于全面提高教育和办学效益的制度和政策环境，建设一支高素质、专业化的教师队伍是我们亟待解决的一个重要课题。

1.推进教师专业化成长的目的和意义

促进教师专业化发展，努力建设一支高素质的教师队伍，是完成本次课程改革任务、全面推进素质教育的基本保证。《国家中长期教育改革和发展规划纲要(2010—2020年)》指出："有好的教师，才有好的教育。""努力造就一支师德高尚、业务精湛、结构合理、充满活力的高素质专业化教师队伍。"《教育部关于深化基础教育课程改革进一步推进素质教育的意见》提出："全面提升教师队伍实施新课程的能力。充分发挥广大教师在深化课程改革中的主力军作用，把促进教师专业发展作为重要目标和任务。加大教师培训力度，不断改进培训模式，组织开发以教学实际问题为核心、以优秀教学案例为载体的培训课程，增强教师培训的针对性和实效性。大力推进以校为本的教学研究制度，促进教师的学习、研究和交流。"

毋庸讳言，基础教育新课程实施的质量和成效如何，在很大程度上取决于教师的素质状况，取决于教师对新课程核心思想和基本内容的理解与把握。因此，要高质量地推进基础教育新课程改革，全面推进素质教育的深入发展，卓有成效地开展对学生的创新精神和实践能力的培养，必须先提高整个教师队伍的专业素质，增强广大教师的创新精神和实践能力。这是完成基础教育新课程赋予我们的历史使命，也是全面推进素质教育乃至整个教育事业持续发展的前提和基础。

桐城自古崇文重教，但教育的发展与人民群众对优质教育资源的需求还存在差距，尤其是城乡之间教育资源状况差异较大。要想提高教育资源水平，就需要有促进教师专业化水平的创新机制，这就需要我们在行动中寻找，在实践中探索，通过理论与实践的结合研究，形成一种适合桐城市的"教师专业化成长区域推进"的新机制或新模式。通过这一机制的有效运行，使桐城市教师专业化水平得到有效提高，从而提高本地区教育资源的整体水平，为桐城教育的可持续、高水平发展打下坚实的基础。

因此，面对基础教育发展的新形势，深入研究、探索并最终构建适宜的、有效的促进教师专业化成长的途径和方式，进而推动教师的专业化发展，大面积、大幅度提高广大中小学教师的整体素质,我们教研工作者责无旁贷。

2. 推进教师专业化成长的理论依据

(1)关于教师专业化基本概念的理论界定

教师专业化是指"个人成为教学职业的成员,并且在教学中具有越来越成熟的作用这样一个转变过程"。第一,教师专业既包括学科专业性,又包括教育专业性;第二,国家有教师教育的专门机构、专门教育内容和措施;第三,国家有对教师资格和教师教育机构的认定制度和管理制度;第四,教师专业发展是一个持续不断的过程,教师专业化也是一个发展的概念,既是一种状态,又是一个不断深化的过程。

(2)国外教育机构关于"教师专业成长"的相关理论

1966年,联合国教科文组织在巴黎召开了"教师地位与政府间特别会议"。会议提出,应当把教师工作看作一门专业,它需要教师的专门知识和特别才能,并需要经过长期的努力与研究才能得以维持。1986年,霍尔姆斯小组和卡内基教学专业研究工作组明确提出了教学专业化这一概念,并将其视为提高学校教育质量的必要途径。苏霍姆林斯基认为,要提高教学质量,一要确立教学工作的专业性地位,二要建立起与这一职业相应的衡量标准。

(3)我国"教育改革"与"素质教育"的有关理论

《中共中央国务院关于深化教育改革、全面推进素质教育的决定》,提出优化结构、建设全面推进素质教育的高质量的教师队伍,强调要把提高教师实施素质教育的能力和水平作为师资培养、培训的重点,开展以培训全体教师为目标、骨干教师为重点的继续教育,使教师的整体素质明显提高,以造就一支思想素质好、业务水平高、创新能力强的高质量教师队伍。

3. 推进教师专业化成长的途径和方式

一是调查研究。我们对全市教师的专业发展情况做了较为细致的调查，查找教师专业化成长所存在的问题，撰写了《桐城市基础教育课程改革实施情况调研报告》《桐城市教师队伍有关情况的调研报告》等。在具体实施的过程中，我们利用每一次深入基层学校的机会，注重第一手调研资料的积累，撰写了《桐城市教研室2010年高中教学视导调研总结》《2011年秋季市直学校开学检查小结》《桐城市教研室2012年秋季高中教学视导调研总结》《桐城市教研室2011—2012学年小学组视导调研报告》《2011年秋小学语文教学视导调研总结》等调研报告，为局领导科学决策提供了可靠的第一手资料。

二是成立组织。在全市范围内推进中小学教师的专业化成长，必须建立健全组织机构，构建全市三级教研网络。我们在强化学校学科教研组建设的基础上，以桐城市教育局教研员为核心，分学科成立课改中心组，每组吸收8—10名骨干教师为成员。考虑到全市有200多所小学，我们以中心小学为核心，分学区设立小学教研员，以教育局名义聘用，任期三年。"市教育局教研室—学科课改中心组—学校教研组"三级教研网的成功运行，为全市教育科研工作的顺利开展提供了组织保证。

三是发布文件。近几年来，我们用发文件的方式来促进基层学校重视教师的专业化成长，持续推进全市教育科研工作快速升温，收到了明显成效。我们在这些方面发布的文件主要有：

①关于印发《桐城市普通高中高考奖励办法》(试行)的通知。

②关于推荐评选桐城市第二届学科带头人和骨干教师的通知。

③关于印发《桐城市中小学学科带头人、骨干教师评选和管理办法》《桐城市中小学学科带头人、骨干教师评审标准(修订试行)》的通知。

④关于印发《关于完善义务教育学段教学质量检测办法的意见(试行)》的通知。

⑤关于印发《桐城市普通高中高考奖励办法》的通知。

⑥关于印发《桐城市教育科研课题管理办法》的通知。

四是活动推进。我们以活动为载体,广泛开展培训研讨、师徒结对、展示交流等教研活动,在活动中提升广大一线教师的课堂教学水平,提升他们的教育科研能力,从而达到促进教师的专业化成长的目的。我们采用的方式主要有:

第一,培训法。培训法是指管理者在日常工作中提升教师知识和态度、开发教师技能的一种训练方法。其目的是规范教师的行为,开发教师的潜力,帮助教师岗位成才。常见的培训方法有:

①讲授法。这是传统的培训模式。培训者通过语言表达,系统地向受训者传授知识。新教师入职培训、新课程改革的通识培训、师德师风教育、教育管理干部培训等大多选用这种方法。

②研讨法。一般通过召开研讨会的方式,确定主题,开设专题讲座,研讨交流相结合。中高考研讨会、班主任工作交流会、教育技术培训等多选用这种方法。

第二,竞赛法。开展教学竞赛,可以激发教职工尤其是青年教师奋发向上的青春活力,鼓励教师以赛促学、以赛促教、以赛促研。我们每年都组织开展学科教学竞赛,类型有教学基本功比赛、优质课竞赛、演讲比赛等。

第三,评审法。为了建立和完善教师专业发展的区域推进机制,加快教师专业化成长的步伐,我们大力推进评审法的运用。

第四,城乡联动法。为了更好地促进乡村教育蓬勃发展,我们积极推进城乡联动法,选择城区的优质学校与乡村薄弱学校结成“对子”,“一拖一”或者“一拖二”,城区的四所小学和两所规模较大的初中与12个学区结对发展。实施城乡联动法,更多的是开展具体的教研活动,主要形式是送教下乡、送培下乡。我们将城区名师组织起来,到乡村学校举办名师公开课、示范课,开办各种主题论坛。有时举办“同课异构”活动,选择共同的课题,由城区教师和乡村教师分别独立上课,课后召开反思会、座谈会。这种形式深受一线教师喜爱。

第五,师徒结对法。学校选择有丰富教学经验的名师与青年教师结成师徒关系,在工作岗位上名师对青年教师进行直接指导。现在桐城市直管学校、学区都在实施“青蓝工程”。

第六，课题研究法。我们积极组织各级各类学校教师申报省市级课题，以课题研究为抓手，吸引一批骨干教师投身到教育科研中来，促进广大一线教师加快专业化成长的步伐。

第七，教学视导法。这是我们课题组最主要的方法，已经形成了我们教研室的工作特色。为了提高教学视导法的效果，我们专门制定了《桐城市教育局教研室教学教研视导制度》《桐城市中小学教育教学管理考评细则》，通过常规教学视导，规范基层学校教学管理，促进一线教师规范教学程序。

4. 推进教师专业化成长的初步成果

回顾多年的实践历程，我们在推进教师专业化成长方面做了一些工作，也取得了明显的成效：

第一，构建了“市教育局教研室—学科课改中心组—学校教研组”三级教研网，形成了桐城市教育科研网络，在日常教研工作中相辅相成，相得益彰。

第二，取得了一批教育科研成果。激发了广大一线教师的教育科研热情，推进了以校本教研为中心的群众性教研活动的蓬勃发展。校本课程开发呈现出百花齐放局面，优秀教育教学论文和教学案例不断涌现。仅以省市级课题研究为例，桐城市每年都有一批省市级课题立项，也有不少课题取得了研究成果而顺利结题。如2011年有9项课题结题，2012年有14项课题结题，2013年课题结题数达到30项。

第三，培养造就了一批区域名师。实施全市教师专业化推进工程以来，我们在培养中青年骨干教师，打造桐城市、安庆市乃至安徽省名师方面取得了突出的成绩。其中：

安徽省第十批特级教师评审，桐城市有6位同志榜上有名，他们是实验小学的程艮凤、毕爱民、谢春慧，东关小学的魏文琴，卅铺中心小学的吴惠平，桐城中学的胡双全。这样我市中小学在职安徽省特级教师总数达到19位。

2011—2013年桐城市有11位小学教师在安徽省小学、幼儿园教师职称评审中取得中学高级教师任职资格。

在安庆市第三届学科带头人暨骨干教师评审中,桐城市取得安庆市学科带头人称号的有17人,取得安庆市骨干教师称号的有115人。

在桐城市骨干教师研修活动中,78人获得小学骨干教师研修班优秀学员称号,47人获得初中语文骨干教师研修班优秀学员称号,42人获得初中数学骨干教师研修班优秀学员称号,44人获得初中英语骨干教师研修班优秀学员称号。

优质课竞赛硕果累累。2011年,53人次获得安庆市级以上优质课竞赛等级奖,其中实验中学章小雁老师获得全国初中地理优质课竞赛一等奖。2012年,58人次获得安庆市级以上优质课竞赛等级奖,其中实验中学张媛老师获得全国初中化学优质课竞赛特等奖,实验中学姚威老师获得全国初中主题班会竞赛一等奖,桐城中学齐小苇老师获得全国高中英语优质课竞赛一等奖,童铺学校李国海老师获得小学数学全国网络教研展示特等奖。2013年,71位老师获得安庆市级以上优质课竞赛等级奖,其中龙眠中心小学梅凯老师获得小学数学全国网络教研展示特等奖,实验中学方永老师获得初中数学全国优质课竞赛二等奖。

第四,初步摸索出可供借鉴的教师专业化成长区域推进的途径与方式。经过三年多的实践,我们摸索总结了县域范围内教师专业化成长推进的途径与方式。根据我们的实践,教师专业化成长区域推进适合采用"调查研究-成立组织-发布文件-活动推进"等路径,推进方式有培训法、竞赛法、评审法、师徒结对法、课题研究法、教学视导法等。

5. 推进教师专业化成长的反思与困惑

第一,教师专业化成长涉及政策方面的要求比较高,实施过程中需要研究制订相关文件,因而需要实施者有较强的政策理论水平。我们对困难估计不足,因而整体推进速度较慢。

第二,教师专业化成长问题本身周期较长,工作推进需要更长时间,短期内难见成效,目前很多工作还需要继续深入推进下去。如学科教研中心组成员、小学的学区教研员的聘期都是三年,需要及时增补选聘;市级学科带头人、学科骨干教师的任期也是三年，需要启动新一届学科带头人、骨干教师的评审工作，等等。

第三，实践证明，市(县)域范围内推进教师专业化成长工作，教育局发布的文件加以推动是个好途径。但随着工作的不断深入，新情况、新问题会不断出现，一开始发布的文件规定就有可能需要根据实际情况进行适当调整。

第四，教师专业化成长问题涉及范围广，这里有专业的问题，也有编制的问题，还有财政的问题，可以说涉及方方面面的问题。我们有信心继续推进下去，在教育局的直接领导下，通过我们卓有成效的工作，持续推进教师专业化成长工作，不断促进全市教育科研工作健康发展。

目 录

理 论 编

案 例 编

理论编

教育是民族振兴、社会进步的重要基石，是功在当代、利在千秋的德政工程。教师是立教之本、兴教之源。党的十九大从新时代坚持和发展中国特色社会主义的战略高度，做出了优先发展教育事业、加快教育现代化、建设教育强国的重大部署。习近平总书记高度重视教育工作，高度重视教师队伍建设，提出了“四有”好老师、“四个引路人”等一系列要求，为教师队伍建设指明了方向。作为教研员，我们要认真组织学习、深刻领会文件精神，清楚认识摆在面前的神圣使命，从战略高度认识加强教师队伍建设的重大意义，积极践行党的教育方针，大力推进课程改革，坚持把教师队伍建设作为基础工作，严格师德师风，拓宽文化视野，提高综合素养，引导教师做有理想信念、有道德情操、有扎实学识、有仁爱之心的好老师，做学生锤炼品格、学习知识、创新思维、奉献祖国的引路人，全心全意致力于建设一支宏大的高素质专业化教师队伍，为提高基础教育质量做出最大的努力。

理论编

[illegible]

一、教师专业化发展是新时代的神圣使命

百年大计,教育为本;教育大计,教师为本。振兴民族的希望在教育,振兴教育的希望在教师。良好的教师素质是全面贯彻党的教育方针,全面推进素质教育,实施科教兴国战略的前提和保证。只有一流的教师队伍才能创造一流的教育业绩,学校才能真正办成人民满意的教育。实施素质教育、实现科教兴国,必须加快教师专业化发展,强化教师队伍素质建设。这是时代赋予我们的神圣使命。

1.教师专业化发展与师德建设

教师是传播人类文明、开发人类智慧、塑造人类灵魂、影响人类未来的文明使者,承担着传承人类文明和推动社会进步的责任,是人类社会文明得以延续和发展必不可少的重要力量。教师的职业道德面貌,直接关系到教育事业的发展和培养人才的质量。现代化的教育,不仅需要教师专业素质精良,还要求教师师德高尚,只有适应时代的师德建设,才能造就一支知识渊博、德行高尚、兢兢业业、乐为社会主义教育事业无私奉献的教师队伍,才能有力地提高教师的思想素质、道德素质、业务素质和审美素质,教师才能真正成为"人类灵魂的工程师"。

(1)加强自身学习是师德建设的根本

孔子说:"君子怀德。"高尚的师德是教师力量之源,是教师热爱学生、热爱教育动力之源。师德建设只有在不断学习、终身学习、勤于学习、善于学习中才能完善和发展。

第一,教师要努力树立正确的世界观、人生观和价值观。我们所从事的教育事业,关系到社会主义精神文明和物质文明的建设,关系到民族的素质,

关系到国家未来的发展，每一个教师都要有对民族、国家的高度责任感，要站在国家发展和民族振兴的高度，热爱教育事业，敬业爱岗，以德立身，以德从教。

第二，教师要认真学习和领会党的方针政策，用习近平新时代中国特色社会主义思想武装自己的头脑，始终保持清醒的意识，抵制社会上的形形色色的拜金主义、个人主义、享乐主义等，以高尚的师德，增强教师群体的凝聚力和稳定性，牢记立德树人的初心和使命，保证教育的社会主义方向，从思想上忠诚于党和人民的教育事业。

第三，教师要认真学习和践行社会主义道德的基本原则，深刻领会《中小学生教师职业道德行为规范》精神实质，自觉遵守中小学教师行为“八不准”，坚定立场信念，明辨道德是非，提高遵守师德规范的自觉性，为人师表，诲人不倦。

第四，要学习古今中外有关师德的论述。我们要学习中外教育家和优秀教师的先进思想和事迹，更要植根于中华民族道德和文化的深厚土壤，汲取精神营养。我们要以陶行知先生“捧着一颗心来，不带半根草去”的无私无畏精神，奉献社会，奉献教育事业。

（2）培养职业道德观念是师德建设的关键

师德是教师素质的灵魂，一名合格教师应该以身示范，在思想上崇尚师德，在行为上体现师德，在师德中体现自我价值，实现崇高的教育目的。

第一，教师要培养敬业意识。忠诚人民的教育事业、爱岗敬业、尽职尽责是社会主义师德文化中的一个重要内容，也是广大教师在职业道德中体现出的一种优良品质。教师从事的是一种培养人、教育人的事业，这一事业对社会文明和发展进步有着不可替代的推动作用，教师必须以严谨的教风、饱满的工作热情投身教育工作，增强从事教育工作的责任感。

第二，教师要确立乐业意识。教师要热爱教育事业，要以从教为荣。要把选择教育职业当作终身事业，时时想到从事的是“太阳底下最光辉的职业”，在教育过程中能够得到内心的极大充实和满足，以教为乐，以教为趣，乐于从教。

第三，教师要充满爱心。没有爱就没有教育，教育事业是爱的事业，教师要把爱心倾注于整个职业生涯中，要满怀对受教育者的真心关爱，关爱每一个学生，以真情、真心、真诚教育和影响每一个学生。“一切为了学生，为了一切学生，为了学生一切。”努力成为学生的良师益友，成为学生健康成长的指导者和引路人。

2. 教师专业化发展与提升教师个体素质

教师是知识的重要传播者和创造者，教师的一言一行、一举一动都对学生的发展有着广泛而深刻的影响，教师的根本职责就是把人类千百年来通过艰苦努力创造和积累起来的科学文化知识和思想观念传递给学生。教师的素质是影响教育质量和决定教育事业发展的决定性因素，为了促进社会主义教育事业的发展，为现代化建设培养更多更好的合格人才，作为教师就需要不断掌握各种专业学科知识以及教育科学和心理学知识。

第一，教师要具备勤奋好学的精神。

古人说得好，“学不倦，所以治己也；教不厌，所以治人也。”治己是教人、治人的基础和前提，舍此基础去教人则徒劳无功，而治己的根本是学而不厌。履行传播和创新知识的重要职责，决定了教师专业知识与时俱进的重要性，我们只有开阔视野，放眼古今中外，不断汲取新知识、新经验，才能引导学生学好科学文化知识。因此，教师必须崇尚科学精神，树立终身学习理念。

第二，教师要具备与时俱进的思想。

知识的进步是无止境的。教师作为知识的传播者、智力资源的开发者，需要跟上时代的步伐。“君子之学必日新，日新者日进也。不日新者必日退，未有不进而不退者。”我们要有不断更新知识、完善知识结构的积极态度和科学精神，不断更新思想观念，优化知识结构，做到闻道在先，术业精湛，与时俱进。

第三，教师要具备开拓创新的勇气。

随着教师教育艺术的不断演进，教育教学能力的发展是无止境的。教师要强化自己的教育能力、教学能力、研究能力和反思能力，发展自己的教学艺术，这就需要在工作中一丝不苟，不断创新，不断探索。教师要有深厚的心理学素养，要把握教育规律，用科学的知识去指导教育实践，在教中学，在学中教，切实做到教学相长。

3.教师专业化发展与教学科研

新课程的实施，需要有一批有志于教育事业，教学水平精湛的“名、特、优”教师。学校是教育改革的最前沿阵地。教师是教育改革的直接实践者，肩负立德树人的神圣使命，必须养成求真务实和严谨自律的治学态度，主动参与教研实践，向名师学习，向社会学习，用新思想、新知识、新方法来充实自己。教师要立足于自身长远发展和自我实现，不断研究教学中出现的新问题，努力提高自己的专业素质。

（1）倡导教学科研意识

教师要有教学科研意识。教师专业发展是教师通过专业发展的活动和途径，提高专业精神、专业知识和专业能力水平，更新教育观念，从一个成长阶段进入更高成长阶段的过程。新一轮课程改革对教师的专业化要求越来越高，教师只有投身到专业发展之中，积极参加专业培训，与专家、名师对话，才能在教学实践和教学研讨中不断提升自己的教育教研能力。

第一是自我反思。“学然后知不足，教然后知困。”自我反思是教师通过对其教学活动进行理性观察与矫正，是一种有益的思维活动和再学习活动。教学需要不断学习、反思、实践，才能提高，满足于经验，只会止步不前。我们要通过教学反思，鼓励和引导教师撰写课后随笔、教学心得等，不断对自己的教学行为和教学过程进行理性的分析和总结，从而实现提高教师专业化水平的目标。

第二是同伴互助。学校要加强学科教研组建设，加强教师之间的专业切磋，在学科骨干教师的引领下，积极开展集体备课、说课、听课、评课等研究活动，形成相互上课、相互听课、相互交流、取长补短、资源共享的教研氛围。上一节新课，做到学习在先，研究在前，听课者带着问题进课堂，座谈交流，各抒己见，集思广益。

第三是专业引领。学校聘请教育专家作教学经验交流或专题讲座，在请进来的同时，积极创造条件，让教师走出去参加各种教学研讨会，聆听专家报告，观摩名师教学，从而开阔教师的眼界，促使教师不断地更新教育观念，完善专业知识结构。

第四是搭建平台。各学校要努力创设和搭建展示教师才华的平台，积极开展以校为本的教研活动，让教师有更多机会得到锻炼。树立科研助教、科研兴校意识，大兴学习与研究之风，努力构建学校学习型组织，提倡教师在学习中工作，在工作中学习。引导教师积极开展课题研究，不断提升教师的教学科研能力。

(2)拓展校本培训渠道

教师专业化发展对教师的素质提出更高更新的要求，终身学习势在必行。校本培训为教师再学习提供了平台。学校要发挥校本培训的引领作用，在校本培训中引导教师增强自我发展意识、更新知识结构、提高课堂教学水平。

一要提高教师认识。教育广大教师树立“终身学习”的意识，认清教育教学改革的形势，不断更新继续教育理念，不囿于现状，不能满足于“一桶水”，而要有源源不断的“长流水”，必须自觉参与校本培训。

二要注重培训实效。让教师从被动学习中走出来，结合实际，灵活合理运用培训方式，鼓励教师自我设计，自我调控，自我学习，自我反思，自我评价，在学习中进步，在反思中成长，增强教师自身发展能力。

三要发挥参训教师作用，实现“同伴互助”。每个教师有着不同的经历、感受、经验，在学习和教学中表现出各自的智慧和特长，各学校要组织教师成立互学小组，结合各自的教育教学实践，展开讨论，相互交流，共同提高，充分展示每个教师的才能和个性特长。同时，通过集体备课，公开上课、说课、评课等研修活动，充分发挥教师群体的资源优势，让教师在研修中成长。

我们要从对党的事业、国家前途和民族命运负责的高度，振奋精神，积极实施科教兴国战略和人才强国战略，大力加快教师专业化成长的步伐，努力锻造一支师德高尚、学识渊博、精于教书、勤于育人的教师队伍，开拓创新，与时俱进，奋勇进取，为基础教育事业发展和现代化建设做出新的更大的贡献。

二、新时代如何加强农村学校教师队伍建设

当前,教育改革正向纵深发展,国家对农村教育的投入逐年加大,农村义务教育管理体制日臻完善。同时,城镇化进程日益加快,人口不断流向城市、镇区,农村学校生源逐年减少,不足百人的学校逐年增多,偏远地区有的学校只有几个学生。教师队伍也出现新的问题,由于学生数锐减,教师平均年龄偏大,学科分布不合理,出现了结构性缺编的情况,尤其是音乐、美术、体育等学科教师奇缺。在新的历史条件下,如何加强农村学校教师队伍建设呢?

1.政府层面,要出台相关政策,加大投入力度

(1)加大对农村学校的投入力度

近几年,教育行政部门进一步加大对农村学校的经费投入,改善办学条件。特别是推进教育均衡发展的举措,加大了农村中小学的硬件建设,新建教学楼、实验室、学生公寓等,促进信息技术在学科教学的融合,教育的信息化水平不断提高。相比之下,教师问题更显突出。现在的许多农村学校都面临结构性缺编和教师老龄化的困难。小学英语、音乐、美术、体育等学科教师严重不足,市委市政府要从源头着手,抓紧落实人事部、教育部《关于深化中小学人事制度改革的实施意见》,制订完善农村学校教师补员制度,优化中小学教师队伍结构,以全面提高教育质量和管理水平为核心,依法管理教师队伍,加快农村学校教师管理体制的调整和完善,建设一支高素质、专业化的农村学校教师队伍。

(2)提高农村学校教师的待遇

与城市相比,农村教师待遇偏低,工作环境较差,这些都是影响农村教师

工作积极性,制约农村教师专业发展的重要因素。因此,教育行政部门要切实贯彻新修订的《中华人民共和国义务教育法》《中华人民共和国教师法》,提高农村教师待遇,改善农村教师工作环境,激励他们安心工作。对农村学校的教师在职称晋升、聘任、先进教师评选、年终考核评优等方面给予特殊倾斜。

(3)构建城乡学校一体化

以城区的一所优质学校为核心,与若干所农村学校组成办学集团或者办学联盟,积极开展城乡对口支援、对口交流和城乡教师轮岗制,充分利用城市优质教育资源带动农村教育的发展。可以尝试农村学校骨干教师到城区学校"跟岗学习",城区学校骨干教师到农村学校"支教",将城区的优质教育资源辐射到农村学校,带动农村学校教师的专业化成长。

2. 多措并举,加强农村学校教师队伍建设

(1)加强师德建设

加强师德建设是教师队伍建设的核心工作。当前,要切实抓好以下几个方面工作:

深入开展"师德提高年"活动。坚持学习教育与建章立制相结合,坚持宣传提倡与约束管理相结合,坚持师德"一票否决制度",通过有效途径凸显师德建设的重要性和必要性,使师德内容入脑入心,成为广大教师的自觉行动。

深入开展社会主义荣辱观学教活动。要根据学校实际和教师工作实际,把"八荣八耻"的内容具体化,形成教师的具体行为准则。

深入开展评选师德标兵活动。学校每年要评选表彰一批师德标兵,宣传他们的优秀事迹,树立正面典型,让教职工学有榜样。

深入开展做人民满意教师活动,教育并引导教师做学生尊敬、家长认可、社会满意的教师。

(2)注重学校管理

注重学校管理是提高教师队伍素质的重要环节。学校要结合实际,注重建立行之有效的管理制度,向管理要效益,让管理出素质。

第一,进修培训常规化。在新的历史时期开展教师提高学历层次培训工作,是培养、造就一批骨干教师的重要途径。充分发挥教师培训的导向作用,学校要加强面向骨干教师、学科带头人、教研组长的专业培训,积极打造“名师工程”;规范师徒结对,发挥学科带头人的传、帮、带作用,大力实施“青蓝工程”;鼓励引导青年教师一年站稳讲台,三年达到合格,五年成为优秀,十年成为骨干教师,全力实施“一三五十工程”。

第二,教学科研制度化。教而不研则浅,研而不教则空。学校要制定教学科研制度,使教学科研贯穿教育教学工作的始终。农村学校教师要在现代化、信息化平台上丰富自我,展示自我。只有这样,才能推动学校教学科研有效开展,才能提高学校整体教育教学质量。搞课题研究,写教学反思是教师成长的推进器,要让教育教学研究成为教师的自觉行动。

第三,教师管理人文化。教师是办学的主体。要发挥教师的主体作用,必须充分尊重教师的劳动,充分信任教师和积极地掌握教师的心理特点,了解教师的需要,知人善用。教师感受到管理者对自己的尊重和信任,就会获得心理上的安慰和满足,从而产生强烈的责任感和义务感,认真做好本职工作。学校要积极营造和谐的人文氛围,使教职工爱校、爱岗、敬业;要善于增强团队意识,关心教职工生活,为他们排忧解难;要多组织一些文体活动,让教师展示自己的丰采;要开展心理咨询活动,增进教师的身心健康,稳定教师队伍,增强凝聚力。

(3)构建评价体系

构建积极的教师评价体系,应从实际出发,对教师考核量化指标,注重对教师德、能、勤、绩的综合评价,鼓励开拓创新,显现亮点。通过评价,让教师了解自己教育教学工作的优点、缺点和专业发展中所缺少的能力,促进教师的自我进修和自我专业发展。每学年应进行一次尊重教师主体地位的综合性评价和形成性评价，让教师参与自评和互评，引导教师将自我发展的目标与评价目标相结合，帮助教师建立理想的教育目标，提高教育教学质量，不断追求专业发展。将评价结果作为教师评先评优、晋升和聘任的主要依据，以此调动教师的积极性。

3.加强学习，做人民满意的教师

（1）做良师益友型教师

广大教师一定要深刻领会自己肩负的重大历史使命和责任，自尊自励，努力成为无愧于党和人民的人类灵魂工程师。要关爱学生，以真心教育学生，在教育教学过程中，以学生为本，充分尊重学生的人格，成为学生的良师益友，成为学生健康成长的引导者和引路人。

（2）做终生学习型教师

当今时代是高科技迅猛发展的时代，知识层出不穷，技术日新月异。要成为一名合格的教师，就必须不断学习，不断充实自己。广大教师要崇尚科学精神，树立终身学习的理念，孜孜不倦地学习新知识、新技术，拓宽知识视野，更新知识结构。要养成求真务实和严谨自律的治学态度，学习、学习、再学习。

（3）做创新进取型教师

教师富有创新精神，才能培养出创新人才。教师创新，首先教育观念要更新，其次要创新教育教学内容，最后是创新教育教学手段。广大教师要奋发进取，踊跃投身教育教学创新实践，用自己的心血和智慧，培养适应社会主义现代化建设需要，具有创新精神和实践能力的一代新人。

(4)做淡泊名利型教师

广大教师在全社会所给予的荣誉面前,应该“自省、自警”,应该“自立、自强”。要淡泊名利,甘守清贫,志存高远。要自觉坚持社会主义核心价值体系,培育和践行社会主义核心价值观,不断加强师德修养,把个人理想、本职工作与祖国发展、教育振兴紧密联系在一起,树立高尚的道德情操和精神追求,静下心来教书,潜下心来育人,努力做学生爱戴、人民满意的教师。

三、促进教师专业化成长的方法与措施

从2002年秋季开始，桐城市成为基础教育新课程改革的省级实验区之一。在安徽省及安庆市教育主管部门的直接关注和指导下，我们认真贯彻教育部颁发的《基础教育课程改革纲要(试行)》，全面落实省教育厅印发的《安徽省基础教育新课程实验推广工作规划》，按照“以更新观念为先导，以质量效益为核心，积极实施，稳步推进”的思路，有计划、有步骤地开展课改实验工作。三年来，全市课改实验迈出了坚实的步伐。在新课改实施的过程中，我们深深体会到课改成功的关键在教师。广大中小学教师是实施新课程的主力军，没有广大中小学教师对新课程的理解、支持和积极参与，新课程的实验推广工作就难以顺利健康地进行。因此，搞好基础教育新课程的师资培训工作，是进行基础教育课改实验工作的重要组成部分。

实验之初，我们着重抓好教师培训工作。

第一，桐城市教育局制定了《桐城市基础教育课程改革师资培训工作实施意见》，确立了“先培训后上岗，不培训不上岗”的原则，就全市师资培训的指导思想、总体目标、培训对象、年度计划、实施方案、具体步骤、学时安排、保障措施，进行了详细周密布置，从而形成了“实验、培训、管理、研究”一体化的运行机制。

第二，重视培训者的培训，发挥教学科研骨干的示范带动作用。我们积极选派教育管理人员、专职教研员及部分骨干教师参加了在北京、合肥、芜湖举办的国家级和省级课改通识培训会议，2002年8月15日又召开了桐城市基础教育课程改革通识培训会议，参加培训的人员有各乡、镇、街道教委主任，各初中、中心小学校长。培训的内容共分五个专题：新课程的理念与创新，新课程与学生发展，新课程与教师行为变化，新课程与学习方式变革，新课程与评价变革。市级培训后，我们又通过乡镇级培训和校本培训，在实验开始之

前将通识培训面扩大到全体教师。

第三,组织教师参加全员学科培训。暑假期间,我们根据省教科所的文件精神,每年都安排小学、初中起始年级的教师参加了省级培训。在省教育厅、省教科所和安庆市教育局领导的热情关怀下,我们成功承办了小学数学省级学科培训会议。2002年8月1日至4日,全省小学数学界专家学者和一线教师600余人云集桐城,聆听了《数学课程标准》研制组核心成员、北京师范大学出版社吕建生博士的专题报告和其他学者的精彩讲座。而且秋季一开学,教育局就将教师培训纳入工作计划,利用九月份的四个双休日,分别举办了小学语文、数学和初中语文、数学、英语等学科新教材培训会。同时,各乡镇、街道教委,各学校纷纷开展校本培训,确保教师在使用新教材时都能接受不同层次的培训。最近几年,桐城市初中所有教师都参加了新教材培训,小学进入课改的年级教师也全部参与了培训。

为了促进教师的专业化成长,我们着重抓好以下几点:

第一,成立学科中心组,将学科教师组成教研群体。各学科均以教研员牵头、骨干教师参加,成立了学科中心组,指导各地各校认真学习课程标准,深入钻研新教材,撰写教学设计。大部分学校在开学前一周组织教师集体备课,加强教师教学资源整合。2002年10月,召开了全市小学语文新教材研讨会,将4个街道办事处的全体初中数学教师组织起来进行了一次新教材研讨会。初中语文学科中心组利用暑假参加省级学科培训的机会,将全市参训的106位老师组织起来,集体研读新教材,分工协作撰写教学设计,连续开展了三次集中审稿活动,于2002年8月25日形成了《义务教育教材七年级语文上册教学设计》,开学前陆续发到一线教师手中。2002年9月,《义务教育教材一年级语文上册教学设计》也和广大教师见面。2003年、2004年秋季一开学,我们都及时分学科召开中心组会议,制定教研计划,落实"三定备课"责任人,确定学科会议承办学校。学科中心组的活动,有力地配合了教研员的工作,促进了学科教研的发展。

第二,在校本培训中转变教师的教育教学理念。全市除严格按《桐城市基础教育课程改革师资培训工作实施意见》组织实施培训工作外,注重加大校本培训的力度,确立"以研代培,校自为训"的培训思路,让广大教师不因为参加了省、市培训,学习过一次就"刀枪入库,马放南山",通过多途径、多形式的经常性校本培训,使教师的观念得到彻底转变,素质切实得到提高。市教研室于2002年11月9日、12月29日两次分别组织100余名教育管理者和教师赴安庆听取国家级课改专家朱翔教授、刘坚教授的学术报告。各学校则将学科骨干教师安排到实验年级,重视开展实验研究,边实验边总结,定期进行反馈交流。广大一线教师以饱满的热情,积极投身到课改实验中。实验小学和十二中的全体实验教师坚持撰写"课改日记",太平街道、双港镇、老梅镇、高桥镇、嬉子湖镇都相继编印了课改论文集,所有这些都为课改实验积累了鲜活的素材。

第三,在课改调研中指导教师转变教学方式。教研室将每学年第一学期的9月份、11月份和第二学期的3月份、5月份确定为课改调研月。各学科教研员组织广大一线教师,认真学习义务教育课程标准,深入钻研新教材,切实转变教育观念,探讨教学中遇到的问题,以求达到资源共享,共同提高。全体教研员在"课改调研月"分成一个小学组、两个中学组,深入学校,深入课堂,听课、座谈、开讲座,在学习、消化课程标准上下工夫,发现并培养课改骨干教师,指导基层学校确定科研课题,在广泛调研的基础上,确定了市级课改联系点。

第四,在课程资源开发中提高教师专业素养。课改赋予学校开发课程的权力和责任,研究和开发校本课程,是学校可持续发展的内在资源,是学校快速发展的关键所在。我们在积极启动地方课程编写工作的同时,下发了《校本课程开发实施意见》等文件,引导学校启动校本课程的研究和开发。据统计,全市大多数学校成立了校本课程开发建设领导小组,拟定了校本课程开发方案及实施计划。其中罗岭镇教委的《音乐》(黄梅戏专辑)、实验小学的《校园生活》《探索体验》《阅读欣赏》、东关小学的《香樟作证》《探索》,等等,无论从编写质量,还是印刷质量,都是值得一提的。在乡镇,挂车河镇实现了校校有编印精美的校本课程。同时,市教研室组织骨干教师开发的地方教材《桐城——我可爱的家乡》(三册)已于2003年秋季发至学生手中。

第五，在课改实验课题研究中提高教师教研水平。为了促进实验工作取得成果，我们以课题带动的方式推进实验工作。课改实验一开始，我们就拟定了《桐城市基础教育课程改革实验科研课题目录》，其中既有宏观性、全局性的理论探讨，又有微观性、操作性强的实践研究，供实验学校和实验教师选用，以期形成“人人在参与，校校有课题”的群众性科研局面，以科研促课改，积极探索与新课程相适应的教学方法。2003年初，我们又有2项课题被批准为省级课改课题，这样一来，我们教研室直接主持的省级课题就有5个。值得注意的是基层学校申报课题的热情很高，现在有近百个课题报到了教研室。

第六，在教材验证性研究中发展教师自信心。新编实验教材是否符合课标要求，切合学生实际，必须通过实验予以验证。为此，我们组织广大教师对新教材进行认真钻研，对新教材使用情况进行跟踪调查，并适时召开新教材使用情况分析会，听取实验教师对新教材的意见和建议。有的学校教师还在网上和出版社、编者就教材的使用、修改和完善等问题进行讨论。学期结束时，我们要求各乡、镇、街道教委和市属有关学校上报课改总结的同时，分学科上报实验教材的验证性材料，并汇集成册《桐城教研专辑——新教材验证专集》，逐级上报，从而为今后教材的修订、完善做出应有的贡献。

第七，在新课改激励机制中激发教师创造潜能。各级各类学校都逐步完善评估评价制度，将课改实验工作成果作为一项重要指标纳入年度考核及教师业绩考核，对课改成效显著的学校和教师，在相关政策上予以倾斜。今年暑假，我们组织了新课程改革先进集体和先进个人的评选活动，10个单位荣获“先进集体”光荣称号，14个单位荣获“鼓励奖”，40位教师荣获“先进个人”光荣称号，46位教师获得“鼓励奖”。

四、做好培训是实现教师专业化成长的关键之一

在新课改实施的过程中，我们深深体会到课改成功的关键在教师。广大中小学教师是实施新课程的主力军，没有广大中小学教师对新课程的理解、支持和积极参与，新课程的实验推广工作就难以顺利健康地进行。没有与时俱进的教师专业化成长，新课程改革也无法持久健康地发展下去。正是带着这种渴望，2010年3月开始，我们在金锰局长带领下，积极申报省级课题“教师专业成长区域推进的途径与方式研究”，2010年9月被省教科院批准立项，2010年11月，我们召开开题会，及时启动了课题研究。三年来，桐城市课改实验迈出了坚实的步伐，我们的课题研究也取得了丰硕的成果。三年的实践告诉我们，做好教师培训，是实现教师专业化成长的关键之一。

实验之初，我们着重抓好教师培训工作，重视发挥教学科研骨干的示范带动作用。教育局在教师继续教育经费中拿出专项经费，选派教育管理人员、专职教研员及部分骨干教师参加了华东师范大学举办的培训班。2010年全年一共举办了五期培训班，有近300位同志接受了培训。另外也组织一线教师参加全员学科培训。近三年暑假期间，我们根据省教科院的文件精神，每年都安排小学、初中、高中的近1500名一线教师参加了省级培训。培训内容也由学科知识培训转向教育技术培训，利用“班班通工程”，大力推进学科知识与信息技术的整合，提高一线教师的专业文化素养和教育技术素养。秋季一开学，教育局就将教师培训纳入工作计划，利用双休日，分学科举办新教材培训会。同时，改革继续教育的上大课做法，集中时间和资金，先后举办了小学骨干教师研修班、初中语文骨干教师研修班、初中数学骨干教师研修班、初中英语骨干教师研修班。各学校也纷纷开展校本培训，确保每一位教师都

能接受不同层次的培训。

为了配合做好培训工作，我们着重抓好以下几点：

第一，成立学科中心组，将学科教师组成教研群体。各学科均以教研员牵头、骨干教师参加，成立了学科中心组，指导各地各校认真学习课程标准，深入钻研新教材，撰写教学设计。大部分学校在开学前一周组织教师集体备课，加强教师教学资源整合。2011年、2012年秋季入学之际，我们都及时分学科召开中心组会议，制定教研计划，落实“三定备课”责任人，确定学科会议承办学校。学科中心组的活动，有力地配合了教研员的工作，促进了学科教研的发展。

第二，在校本培训中转变教师的教育教学理念。我们注重加大校本培训的力度，确立“以研代培，校自为训”的培训思路，让广大教师不因为参加了省、市培训，学习过一次就“刀枪入库，马放南山”，通过多途径、多形式的经常性校本培训，使教师的观念得到彻底转变，素质切实得到提高。各学校都注重发挥学科骨干教师的示范带动作用，定期进行反馈交流。广大一线教师以饱满的热情，积极投身到教育科研中去。如实验小学和实验中学的全体教师坚持撰写课改日记和教学反思，学校将教师的教研成果分学期结集出版，三年下来出了厚厚的十几本书。

第三，在教学视导中指导教师转变教学方式。教研室每学期都深入学校进行教学视导。每到一所学校，各学科教研员组织全体教师，认真学习课程标准，深入钻研教材，切实转变教育观念，探讨教学中遇到的问题，以求达到资源共享，共同提高。通过常规教学视导，促基层学校规范教学管理，促一线教师形成规范教学程序，促课堂教学质量逐步提高。在教学视导中，我们把培养中青年骨干教师放在重要地位，督促学校重视教师队伍建设，狠抓教师的专业化成长。

第四，在课题研究中提高教师教研水平。为了促进实验工作取得成果，我们以课题带动的方式推进实验工作。我们教研室教研员主动带头申报课题，现在我们每个学科都有自己的省市级课题。由于教研员自身做课题，所以指导老师做课题就驾轻就熟了。教育局还从政策支持角度印发了《桐城市教育科研课题管理办法》,对成功结题的课题予以经费奖励,更加激发了一线教师申报课题的积极性。现在我们每年都有省市级课题立项,也有课题顺利结题。

五、教师专业化成长的三个基本素质

对于全面贯彻党的教育方针,不断深化教育改革,全面推进素质教育而言,教师自身素质的提高越来越重要。随着社会的进步、时代的发展,社会对教师的要求也越来越高。同时,正在全国蓬勃开展的基础教育课程改革对全体教师提出了更高的素质要求。应该说一名优秀的教师应具备的素质是多方面的,概括起来有三项基本素质要求,那就是道德素质、能力素质和身体素质。

1.道德素质

学校是培养人才的地方,教师承担着教书育人的重任,教师的道德素质显得十分重要。人民教师要具备全心全意为人民服务的思想境界,有着政治素质、思想素质、品德素质的种种规定和要求,人们常说的"师德",强调的就是教师的道德素质。教师道德素质影响着一个教师的生活目标、工作理想,乃至于一个人的兴趣、爱好、情操和一切人格特征。现阶段教师的道德素质在以下几点有突出意义:

第一,敬业爱岗,热爱本职工作,把不断进取的上进精神同脚踏实地务实奋斗结合起来。敬业爱岗一定要落实到热爱所在学校的工作岗位。改变个人工作环境的主观要求一定要建立在完成本职工作的前提下,绝不能将个人利益置于学校整体利益之上。

第二,树立正确的协作观。要有良好的协作精神,与同事和睦相处。"三人行,必有我师。"谦虚和乐于助人是和睦相处的基础。"见贤思齐,见不贤而内自省也。"我们在任何时候都不要忘了:同事的配合,集体的帮助,是每个教师工作的坚强支柱。

第三,关心爱护学生。我们的老师是关心学生的,但在爱护学生方面常常方法不当，结果事与愿违。老师满肚子委屈，说“我这是关心学生呀！”在日常工作中，我们关心爱护学生，严格要求学生，这两点做得比较好，可尊重信任学生，公平对待学生，这两点就要打折扣。我们要明白，尊重信任学生是现代社会新型师生关系的必然要求，偏爱和歧视更是一种不道德的教育行为。新课程新理念要求教师具有学生意识，要求教师适时转换角色，成为学生学习的促进者。新课程强调教师是学生学习的参与者、导引者、促进者。教学就是教师的教和学生的学的有机统一。教学是一种对话、一种沟通，教师不仅传授知识，更与学生一起分享对课程的理解。教学过程，也就是师生交往的过程。在新课程实施过程中，教师要放下架子，从讲台上走下来，建立和谐、民主、平等的新型师生关系。“一切为了学生，为了一切学生，为了学生一切。”因此，教师关心爱护学生一定要真正从学生立场出发，做学生的良师益友。

2. 能力素质

教师的能力素质包括两大方面：业务知识水平和实际教学能力。在业务知识水平方面，他必须具有系统精深的专业学科知识、广博的科学文化知识和比较完备的教育科学知识。同时，他还必须具备自我学习、自我进修的能力。只有这样，教师才能不断吸收新知识，不断提高自身修养。在实际教学能力上，教师必须具有组织教学能力、思想教育能力和组织管理能力。教师的实际教学能力应是全方位的，教师必须能够教好功课，努力提高教学质量；能够积极组织学生课外活动，培养学生多方面能力；能使学生劳逸结合，适当调配学生的学习和娱乐，促进学生身心健康发展；能够积极开展教研活动，努力提高课堂教学水平；能够认真做好学生的思想教育工作，将对学生的品德教育渗透到课堂教学中，既教书又育人。在传统的课堂教学中，没有问题就是最好的教学，而今天，新课改强调的是要给学生留下问题，没有问题的课不能算是好课。新课程要求教师学会指导学生进行探究性学习。在探究性学习中，教师要创设一定的情境，用丰富多彩的活动充实教学过程，让探究成为学生学习的主要方式。教师创造性地使用教材，积极开展以问题为中心的学习活动，通过设计真实、复杂、具有挑战性的开放的问题情境，引导学生参与探究、思考，让学生在解决一系列问题中学习。

3. 身体素质

教师承担的教学任务是繁重的，而且是有一定的循环周期的。这就要求教师必须身体健康，能承受本职工作的负荷和压力。可以这样说，教师的道德素质、能力素质是寓于身体素质之中的。教师必须要有健康的身体和充沛的精力，才能适应繁重的工作，完成艰巨的教学任务。

基础教育课程改革“成也教师，败也教师”。历史赋予我们这一代人如此崇高的使命，我们就必须从实施科教兴国的战略高度，从提高民族素质增强国力的高度，来认识我们所从事的教育工作的重大意义，增强使命感、责任感和紧迫感，主动学习，不断提高自身素质。

六、校本教研是促进教师专业化成长的有效途径

校本教研就是教师在学校真实的教育环境中发现问题、研究问题以及解决问题的一种工作方式。在校本教研的理念下，学校就是研究中心，教室就是研究室，教师就是研究者。

校本教研同现行的以教研体系为主导的教研制度相比，它有几个鲜明的特点：以教师和教师群体为主体；在教育教学情境中进行，学校是研究基地；研究对象是教学中亟待解决的真实具体的问题，是教师自己的问题；工作目标是改进教学实践，提升教师能力，使教师走上专业化发展道路，实现师生的共同发展；同伴互助、专业引领、自我反思是整个研究过程不可缺少的三个基本要素；研究成果体现在过程中。

校本教研的基本要素有三：一是自我反思。自我反思是指教师对自己的行为以及由此产生的结果进行审视和分析的过程。校本教研是建立在教师独立思考基础之上的。我们的老师每天都在研究，如同样是一节课，为什么有些学生学得好些，有的学生学得差些？从课程的角度说有哪些问题？从教师角度说有哪些问题？怎样真正面向全体，使所有的学生都取得进步呢？面对纷繁复杂的教育对象，怎样找到教育学生的有效方法？这些都需要我们老师在教育教学中不断地思考、不断地追问自己。也只有在这不断的追问和反思中，教师的教研能力才会不断得到提高。在日常教学过程中，引导教师进行自我教学反思，最直接的方法是鼓励教师写教后记。在新课改中，我们不少学校鼓励教师写课改日记，为课改实验积累了大量鲜活的素材。二是同伴互助。教师之间在教学活动上的专业切磋、协调和合作，共同分享经验，互相学习，彼此支持。校本教研是一种靠团队力量从事教学研究的活动，要求积极创设团结、合作、互助的研究氛围。在日常教学管理中，我们要加强教研组建设，把“三定备课”“固定反馈”作为集体备课的重要环节，由教研组收集教

师教学反思的典型案例，组内教师共同探讨，综合分析，形成从问题到课题的研究，从而最大限度地调动每一位教师参与教研的积极性。同伴互助的一个重要表现形式是我们学校在新课改中扎实开展的“师训师”活动。三是专业引领。这是校本教研得以深化的重要支撑，专业研究人员包括教研人员、科研人员和大学教师。参与形式多样，有学术报告、理论辅导讲座、教学现场指导、教学专业咨询等。专业引领的原则是“到位而不越位”。教研人员要深入课改第一线，用先进的理论说服、启迪教师，用成功的案例打动、鼓励教师，为学校、教师提供有价值的信息咨询服务，同一线教师开展合作研究。

苏霍姆林斯基说得好：如果你想让教师的劳动能够给教师带来乐趣，使天天上课不至于变成一种单调乏味的义务，那你就应引导教师走上从事研究的这条幸福的道路上来。校本教研为教师成长提供了广阔的发展空间，教师个体、教师群体以及教研专业人员的紧密配合，必将给新课改注入无穷的活力，推动教育教学改革不断向前发展。

七、克服职业倦怠，实现教师专业化成长

教师是园丁，教师是太阳底下最光辉的职业，教师怎么会有职业倦怠？在人们看来，教师每天只上一两堂课，没有什么压力和挑战，没有风险，收入还很稳定；休假时间长，除了周末，还有寒假、暑假；社会地位正在不断提高，常常得到人们的尊敬。真是"倦"从何来，"怠"又何必？

现实情况是在光艳亮丽的行业背后，确实存在教师的职业倦怠！

美国的一项调查显示，有78%的教师感觉到心理压力，37%的教师感觉到严重的紧张或焦虑，6%—8%的教师存在着不同程度的不良反应。相当比例的教师表示，如果让他们重新选择，他们将不再选择教师这一职业。

国内呢？据中国人民大学与新浪网联合启动的一项调查：在被调查的教师中，超过80%的教师反映压力较大，近90%的教师存在一定的工作倦怠，其中，近30%的教师存在严重的工作倦怠，近40%的教师心理健康状况不佳。

教师职业倦怠的危害是可怕的。一个职业倦怠的教师的职业前途是渺茫的。"哀莫大于心死"，一个心如枯木的人，你很难让他焕发出活力与生机。不仅如此，长期郁积的不良情绪发泄在家庭，会影响家人的感情；发泄在课堂，会"传染"给学生，学生也会患上"倦怠症"，师生关系因此更加紧张。更令人担忧的是，这种现象如不及时加以重视与解决，后果无法估量！

那么产生教师职业倦怠的原因有哪些呢？我认为主要来自三个方面，即社会、学校和教师个人。

首先是来自社会方面的原因。一方面是社会观念的压力。长期以来，人们对教师的评价经常走向两个极端。部分人认为教师是"学高为师，身正为范"，教师的职业是"太阳底下最光辉的职业"，教师是"人类灵魂的工程师"，是"春蚕"，是"红烛"，是"人梯"，一句话，教师是完美的化身。于是，在天使光环的笼罩下，教师只能尽力使自己"至善至美"，唯恐稍有闪失。还有部分人

认为教师太穷酸,太小气,太精明,太算计,与教师打交道会吃亏。另一方面是家长对孩子的期望值太高,使教师感到力不从心。现在的书越来越难教了,这是教师们的普遍感慨。教材在不断翻新,个人要进修要培训,学生们充满了叛逆和个性,学校按成绩论英雄……想让个个孩子都成龙成凤,这可能吗?

第二,学校方面的原因。虽然大部分学校名义上只要求教师在校时间为7—8小时,但实际情况并非如此。在中学,很多学校都开设早晚自习课,而学校实行的又是"坐班制""班主任负责制""轮流值日制",很多教师通常早上7点钟上班,晚上8点钟离校,再除去做家务和上下班途中的时间,留给教师的休息、娱乐时间不足10小时。除了工作量大以外,巨大的升学压力也让教师不堪重负。为了让学生在升学考试中取得好成绩,很多教师都在挤时间,见缝插针地给学生个别辅导,"培优治跛"。为了追求升学率,教师不得不大搞题海战术。这就使教师感到身心疲惫,精力不济,教书毫无乐趣可言。

另外,学校的管理也存在缺陷。首先,不少学校以"升学率"作为评价教师成绩的唯一指标。学校把所谓的教学骨干抽调到毕业班从事教学,并对他们照顾有加,呵护备至,而其余年级老师则得不到足够重视。这样,无形中就增加了教师之间、领导与教师之间关系的紧张。又因为考虑到社会、家长对一所学校的评价往往只把眼光投向重点名牌学校的升学率,所以不少学校又掏出了"放大镜",重点"聚焦"班级前几名同学,这样无疑又增加同学之间、师生之间的隔膜。其次,一些学校在津贴发放、奖励、职称晋升、评先评优时,不按照教育评价原理的要求,没有严格的操作规程,严重地损害了评价的信度和效度,使教师感受不到公平。最后,个别领导工作作风简单粗暴,常使教师的正常要求得不到有效解决。在过重的工作压力和精神压力下,教师心理空间被严重挤压和扭曲。

第三,教师个人方面的原因。首先,教师的职业倦怠和教师的职业特点密切联系着,选择了教师职业也就同时选择了寂寞、清贫和奉献,选择了教师职业也就同时选择了重复、单调和容忍。从青春年少到两鬓如雪,三尺讲台见证了教师平凡的一生。一辈子只做一件事,若没有大海般的胸怀,钢铁般的意志,那是难以想象的。其次,疲于管理“问题学生”。近年来,随着农村外出打工人数的增多,“留守孩子”的数量也在增多。处在青春期的青少年身心变化大,容易出现许许多多的成长问题,而此时他们缺少了父母的关爱和教育,使得“问题”出现概率变大。于是“问题学生”的教育责任几乎落到了教师的身上。怎样管理这些“问题学生”?这个问题的确让教师绞尽脑汁。打骂是万万不能的,思想教育似乎也不是万能的。这种问题如果是个案还可以,但这样的问题偏偏层出不穷,做教师的只得四处“救火”,手忙脚乱,着实感到了疲惫和厌烦。再次,“后顾之忧”让教师不能安心工作。中青年教师是学校的教学骨干,他们自身的负担也很沉重,常常是“下有小、上有老”,生活与工作两头累,平平安安倒也罢,一旦碰到孩子或家中老人有个头痛脑热的那就更是乱了方寸。在既要照顾家庭又要搞好教学的双重责任下,许多教师都忙得身心疲惫。还因为,不少教师缺乏必要的心理调节手段,从某种意义上讲,教师的心理问题是主观与客观、理想与现实、个人与社会之间发生的摩擦、碰撞和冲突的必然结果。不少教师在失落、孤独、浮躁、抑郁等负面情绪产生后,不善于自我排解和宣泄,任其累积“发酵”。最后,教师职业倦怠还与有些教师的吃“大锅饭”思想有关。教师薪级工资会随着工龄的增长而实现小幅增长,就是说,干多干少,干好干坏,这些钱都会归他所有。有的教师就会认为,与其受累,不如轻松一点。时间一长,教师在这种缺乏奖励机制的工作环境中,自然会形成懒于创新、懒于上进的工作状态。

如何克服职业倦怠呢?我认为也应该从以下三方面入手。

第一是社会方面。教师工作离不开学生、家长、社会的理解和支持。教育,小而言之是学校的教育,大而言之是整个社会的系统工作。每个受教育的对象都具有思想和行为上的独立性,对于他们而言身外的世界是广阔的,学校的生活不可能是他们的全部。不要让学校和教师总是感到孤立无援、孤军奋战,社会理解、支持是一种很重要的心理需要。学生的一声问候,家长的一句感谢,社会的一份理解,足以让含辛茹苦、鞠躬尽瘁、百般委屈的教师无比欣慰。各类媒体要营造尊师重教的社会舆论氛围,积极宣传正能量。

第二是学校方面。学校是教师的第二个家，每个教师都是这个大家庭中的一员，学校要为每位教师撑起一片温馨明朗的晴空。首先，学校要加强思想政治教育，培养教师的使命感和自豪感。通过集中学习、小组讨论、交流心得、知识竞赛等多种思想政治教育的方式，让教师认识到教育的基础性、先导性、全局性和优先性地位，让教师体会做人类文明传承者的自我价值和社会价值，让教师爱岗敬业、关爱学生，刻苦钻研、严谨笃学，勇于创新、奋发进取。一句话，就是要重点培养广大教师从事教育事业的强烈的自豪感和使命感。其次，学校和校长要为教师创造和谐、向上的环境。近年来，我们通常大谈“快乐足球”“快乐学习”等“快乐”理念，如果移植到这里，就应该是“快乐教书”“快乐育人”。学校要努力改善教师办公、教学、生活条件，优质的后勤保障能让教师精力充沛，全身心地投入教学。平时多组织一些文娱活动，活跃校园的气氛，通过身体的放松舒缓工作中的压力。节假日里，在经济许可的情况下，尽可能地增加一些旅游或聚会活动，给教师提供一些交流和放松的机会。校长在日常管理中，要摒弃传统的“管、卡、压”，采取更为人性化的方式。身处在这个和谐的大家庭中，教师自然会身心愉悦，他们会对学校产生归属感和认同感，他们就会以一种主人翁的责任心，积极进取，无私奉献。最后，学校要建立多元化的评价和奖惩机制。尊重教师的个性，是促进教师发展的有效手段之一。刚走上工作岗位的新教师，虽然对教学充满进取的激情和发展的渴望，一般情况下不会立即做出出色的成绩。此时，我们就应该对他们多一份真诚期待。中青年骨干教师，年富力强，他们教学负担重，家庭事多。对于他们，我们要多点宽容和理解。老年教师业务精通，经验丰富，但他们精力下降，动力不足。对于他们，我们要多一份尊敬和呵护。学校要考虑不同情况的教师的真实问题，出台针对性强的考核奖惩措施，让每一位教师尽可能体味事业成就感，这是避免职业倦怠的最好方法。学校应把关注教师的精神需求纳入日常工作范畴，在满足教师需求方面加强工作，为每一位教师创造成功的机会，实现自我价值。与此同时，学校还要健全教师心理教育机制，建立教师心理状况定期检查和心理素质测查制度，为教师开设心理健康教育讲座，发放心理健康常识小手册等，使教师始终保持愉悦的心情和平和的心态。

第三是教师的自身方面。外因只有通过内因才能起作用。同样的环境，同等的条件，有的教师矢志不渝，有的教师厌倦懈怠，何以如此？答案可以从我们自身去找。为了克服职业倦怠，建议教师个体可以尝试以下“四要”：

一要以“积极进取”取代“职业倦怠”。教师责任重于泰山，一颗强烈的责任心是一种强大的内在动力。在它的激励之下，我们一方面会千方百计地提升自己的专业水平，一方面会全心全意地投入教学工作。我们的努力肯定会有所收获，这便给我们带来一种成就感。这种成就感不久又转化为一颗更强烈的责任心。由此形成了一个良性循环。正是这种良性循环让我们远离倦怠的怪圈。

二要自我调节，做到“知足常乐”。我们要把注意力放到工作上，不刻意地去追求荣誉、奖励、升迁，只要把工作做得圆满就知足了。当教师感到压力威胁时，要主动地去丰富自己的生活，学会放松自己，比如去游泳、散步、做操、洗个热水澡、听段欢快的音乐，和家人或朋友聊聊天打打牌，去野外钓钓鱼，等等，积压在心头的阴霾也许因此一扫而光。这种知足常乐的平和心态，肯定会带来工作的进步，也肯定会带来良好的人际关系。

三要善于营造充满亲情的生活圈子。不要忘了，除了学校这个“大家”，还有我们自己的“小家”。当我们累了倦了的时候，家人的亲情就是最好的慰藉。同时提倡教师个人做好职业规划。一个人只有当他明确了远景目标和阶段性目标后，才会产生源源不断的奋斗力量。教师这个职业亦是如此。

教师是幸福的，尽管你燃尽你的生命之烛，可你点亮的是生命之光。教师是幸福的，尽管你只在船坞守望，可你放飞的是希望之帆！有人把教师比作造船匠，他虽然一辈子没有坐过自己造的船，但当每艘船扬帆起航时，却可以凭栏远望。当我们的精神融入学生的血脉之中，滋润他们一生成长的时候，这种守望难道不是人生最大的幸福?!

希望从现在起，每位教师的履历上，“倦怠”将无容身之地，因为那上面写满了无悔的幸福，无悔的人生！

八、校本研修与教师专业化成长

2002年秋季安徽省新课改启动。为了中华民族的复兴，为了每一位学生的发展，崇高的使命赋予我们沉重的历史责任感。

我们亲历了这次新课程改革，我们清楚地认识到最大的变革是教育理念的变革。新课程倡导自主学习，弘扬人的主体性、能动性和独立性，着力培养学生的创新意识和实践能力。落实到课堂教学，最大的变化是师生关系的转变。老师是学生学习活动的引导者、促进者，老师的教法发生了改变；学生是学习的主体，自主、合作、探究成为学生学习的主旋律，学生的学也发生了改变。我们不仅要自己做好教学教研工作，还要发挥教学骨干的引领带动作用，一个重要任务就是在学校的教育教学研修过程中发挥领头羊作用，要做校本研究的引路人。

1. 校本研修的内涵

校本教研就是“教师（还有其他教学管理人员、家长、学生等）在学校真实的教育环境中发现问题、研究问题以及解决问题的一种工作方式”。在校本教研的理念下，学校就是研究中心，教室就是研究室，教师就是研究者。

校本教研的基本要素有三：一是自我反思。二是同伴互助。三是专业引领。

2. 校本研修要着力培养教师的三种意识

第一，教师要有课程意识。课程不再只是知识的载体，而是教师和学生共同探求新知识的过程。教师和学生都是课程的创造者，他们共同参与课程的开发。

第二，教师要有学生意识。教师是学生学习的参与者、导引者、促进者，教师要放下架子,从讲台上走下来,建立和谐、民主、平等的新型师生关系。

第三,教师要有问题意识,积极鼓励学生开展探究性学习。

3. 校本研修要引导教师正确处理好的三种关系

第一,课堂教学目标预设与生成的关系。课前预设是十分必要的,如果在教学中不顾学情变化,不顾学生的接受反应情况一味地按“既定方针办”,就会影响学生语文素养的形成和发展。

第二,学生自主学习与教师指导的关系。教师指导不能代替学生思考,学生自主学习也不能离开教师指导。

第三,教学“常式”与教学“变式”的关系。在课堂教学中,教师要加强教学研究,探索建立符合语文教学规律的一般性教学模式,形成教学风格,不过也要因文因人而异,不能千篇一律。

4. 做好校本研修的引路人

第一,提高责任感、使命感。要准确认识“骨干教师”的身份、地位,明确自己肩负的历史使命,增加自豪感和自信心。

第二,加强学习,提升自我。不仅要学习专业理论知识,学习学科基础知识,还要加强政治理论学习,提高政治站位,牢记立德树人的初心和使命。

第三,积极作为,甘于奉献。态度认真,行动务实。

案 例 编

在教师专业化成长的实践过程中，我们通过建立健全全市三级教研网络，搭建了严密的组织架构，以活动为载体，充分发挥学科带头人、骨干教师的引领带动作用，广泛开展调查研究、培训研讨、城乡联动、师徒结对等活动。另外，在桐城市教育局领导支持下，教研室在大力推进教学视导、课题研究的同时，还积极组织各种形式的竞赛活动，在活动中提升广大一线教师的学科素养和教学水平。下面是一些我们在教师专业化成长实践过程中较为成功的案例，供大家参考，并恳请大家提出宝贵意见。

案例编

[illegible]

一、调查研究

客观事物总在不断变化，新矛盾、新问题无时无刻不在出现，只有通过调查研究，我们才能不断认识客观世界，总结成功经验和失败教训，主动和有效地回答现实生活中提出的重大理论和实际问题。调查研究是谋事之基、成事之道。通过深入实际调查研究，把零碎的材料经过去粗取精、去伪存真、由此及彼、由表及里的思考、分析、综合，加以系统化、条理化，透过纷繁复杂的现象抓住事物的本质，找出它的内在规律，由感性认识上升为理性认识，在此基础上做出正确的决策。

所谓调查研究，是指通过考察了解客观事物直接获取有关材料，并对这些材料进行分析的一种研究方法，它是人类有目的、有计划地进行的认识活动。它一般采取抽样的方法，通过问卷、访谈等形式了解调查对象，通过分析、整合来开展研究。在调查研究中，调查是基础，研究是关键。在进行广泛调查之后，面对大量的第一手资料，只有进行分析和综合，形成系统的意见，人们才有可能做出科学的决策。

如何做好调查研究呢？

第一，要坚持实事求是的思想路线。只有广泛深入地接触客观事物，从中获取丰富的感性认识，并经过去粗取精、去伪存真的加工，才能使感性认识上升到反映事物本质和规律的理性认识；然后又使理性认识回到实践中，能动地指导实践并接受实践检验，在实践中不断地完善。可以说，调查研究是必备的一环，是实现主观与客观相统一、理论与实践相结合的根本途径。唯有实事求是，才有可能正确地认识世界。

第二，要确定明确的主题。调查研究很重要，选题更重要。我们一要关注国家发展的重大议题，抓住重大问题进行调查研究；二要追踪热点问题进行调查研究；三要捕捉发展中的苗头性问题进行调查研究；四要抓住典型人物、事件进行调查研究。着重研究解决事关改革、发展、稳定大局的突出问题,着重研究解决全局性、战略性的重大问题,着重研究解决人民群众关心的热点、难点和重点问题,忙在点子上,谋在关键处。

第三,要将实地调查与深入研究紧密结合。调查研究,既要调查,又要研究。只有调查,没有研究,就如同只有(时间)投入,没有(文字)产出。这就需要将两个不同环节紧密结合、有机结合。完整的调查研究体现在最终的调研报告上,调查体现敏锐眼光,研究体现理论水平和分析能力。通过对实际情况的调查详细地占有资料,研究则对这些材料进行分析整理,以找出其中的本质联系和规律。真正的调查研究必须建立在扎实调查的基础上,并进行深入思考和认真研究,总结调研经验,提出具有实际工作指导性的思路。简言之,调查是研究的前提和基础,研究是调查的继续和升华,二者密切联系,不可分割。

我们在选题论证阶段,就是选择教师队伍建设的关键问题——教师专业成长,做了大量的调查研究,对桐城市教师当时的专业发展情况做了较为细致的调查,查找教师专业化成长所存在的问题,为课题研究提供充足的事实依据,并撰写了《桐城市教师队伍有关情况的调研报告》,较好地指导了课题研究的深入开展。调研报告全文如下:

桐城市教师队伍有关情况的调研报告

根据课题实施的相关要求,课题组近期对桐城市教师队伍的有关情况进行了一次全面、深入的调研,并对获得的相关材料进行了认真的汇总、分析,形成此调研报告。

一、全市中小学教师队伍现状

1.队伍基本情况。

全市现有各级各类学校269所(不含民办学校),其中:高中9所,完中1所,职中1所,初中42所,九年一贯制学校9所,完小200所,初小7所。全市共有教职工6610人,其中专任教师6362人,在校学生89 162人。

2.教师收入情况。

教育是关系国家民族的百年大计，教师是关系教育发展的根本之基，党和国家十分重视教师待遇的保障问题。桐城市始终坚持依法办事、以人民为中心，高度重视提高中小学教师待遇，为稳定教师队伍、提供经费保障创造了积极的条件。实施义务教育"以县为主"管理体制改革以来，全市将农村中小学教职工工资的管理权限上收，并设立"工资资金专户"，市财政部门严格按照国家制定的工资项目和标准，将教职工工资全额列入了财政预算，按照"编办核编、人社核标、财政核资、银行直达"的方针，工资直达教师个人银行账户，保证了全市教师工资按时足额发放无拖欠。2009年1月起，全市义务教育学校教师绩效工资全部落实兑现到位，并实施了120元/月和70元/月的两类农村艰苦学校津贴。2019年全市对绩效工资总量标准上调后，全市义务教育学校教师与绩效工资实施前，年人均增资8800元左右。

随着农村义务教育经费保障机制改革的实施，公用经费支出的规范管理，义务教育阶段学校教师的津贴补贴发放失去经费来源，因此，全市范围内义务教育阶段学校教师工资均按自身岗位严格执行了国家规定的工资标准，切实做到了同工同酬，城乡间教师收入基本没有差距。高中学段各校目前均给教师发放一定的课时工作量津贴等福利，一般来说，学校办学水平较高的发放的福利也较高，学校所处的城乡地理位置并不对福利发放多少起决定性作用，福利发放最高与最低的年均相差10 000元至15 000元。

3.教师流动情况。

实施义务教育"以县为主"管理体制以来，市人社、编制部门侧重于教师队伍宏观管理，教育行政管理部门负责全市中小学教职工队伍建设工作，对编制内的教师调配交流等日常管理工作依法归口管理，因此较好地推进了市域内义务教育均衡发展。前些年，为了缓解城区学校生源激增、教师紧缺的矛盾，在非选调不可的年份，曾从农村学校考试择优选调部分教师进城任教，此举虽解决了城区学校的燃眉之急，但负面影响也显而易见：虽然选调的教师单纯从数量上看很少，却影响一大批在农村学校任教的教师安心在农村学校从教，甚至出现部分教师一门心思追求考进城区学校任教，对本职工作敷衍了事的现象。农村教育是全市教育的主战场，如果农村教育发展不好，教育均衡发展便无从谈起，我们意识到不能用伤害农村教育的方式来解决城区学校缺编的问题。省教育厅下发的《关于进一步加强教师队伍管理工作意见的通知》也不赞成、不倾向从农村学校向城区学校选调教师。近几年，全市已经停止暑期成规模地从农村学校向城区学校选调教师的做法，改由每年直接为城区学校招录补充新教师解决城区学校教师缺编问题，所以，在桐城市，由本市农村学校调入城区学校的教师数量不多，仅有少量因工作需要和确因解决家庭实际困难而调动的教师，并做到严格控制，使之程度合理，属于正常教师流动。

但是，从本市农村学校调至本市以外学校或自动离职、调出教育系统的情况，则不能为教育主管部门归口管理所能约束，全市教育人才流失(外流)现象一直存在。近三年，桐城市教师队伍中每年调出本市、被考录为公务员、调出教育系统、自动离职的人员均有十余人，其中，从本市农村学校调至本市以外学校的教师，去向多为南京、合肥、安庆等地，究其原因是桐城市教师待遇从纵向上看，呈逐步上升的趋势，但与周边一些地区比较，教师收入总体偏低，教师热衷于考公务员或调出教育系统实际上说明教师社会地位仍然不够高，而自动离职人员则大多受市场经济大潮的影响，下海经商了。

4.代课教师情况。

教育部曾经重申：国家有明确政策，不允许再新增代课教师。大量代课人员长期存在，与义务教育的法理相悖，也严重影响农村教育的水平。2009年以来，桐城市教育局要求各校严格执行省教育厅“严禁新增”的有关文件规定，明确要求各校不得以任何理由、任何形式新增代课人员，扎住代课人员新增“口子”。在实际工作中，由于学期中间教师突患重大疾病、意外事故伤害不能坚持正常工作和女教师休产假等因素，不能排除极少数学校有自聘临时代课人员的情况。

5.社会保障情况。

全市教师医疗保险落实情况具体为：义务教育阶段学校教师个人缴纳2%，其余由财政补齐至工资总额的8.5%，非义务教育阶段学校教师个人缴纳

2%，单位承担4%，财政补助2.5%，达到工资总额的8.5%。住房公积金方面，义务教育阶段学校每人每月300元由市财政全额承担，非义务教育阶段学校由单位自行解决，分两种情况：有自定标准每月100元至400元不等的，有按照不超过工资总额的20%上限计缴的。教师住房方面的情况是：在职教师除学校周转宿舍、部分学校少量的周转住房外再无其他政策，离退休教师由市财政每年拿出200万元，用于符合条件的职工住房补贴，按年龄大小顺序依次逐年解决。截至目前，我市教师的养老保险工作尚未启动，离退休教师的离退休费仍由市财政全额负担。

二、主要困难问题及原因分析

虽然近几年来，全市教师队伍建设取得了显著成绩，但是，教师队伍建设还难以适应日新月异的社会变化对教育提出的更高要求，难以满足人民群众“办人民满意教育”的迫切愿望，面临许多困难，存在一些问题。

1. 义务教育阶段学校出现“超编缺人”现象。

从总体上看，全市义务教育阶段学校教师处于略超编状态，但实际情况是专任教师总量不足，教师老化现象严重，部分学科教师紧缺。主要原因有：现行编制标准没有充分考虑农村教育实际，过于强调规模效益。农村小学布点多而分散，规模小，成班率低，全市的农村初中、小学布局调整已基本到位，但因人口出生数下降，不成规模的完小、教学点还在不断增加。这些学校如果按其学生数及现行标准测算属教职工超编，但这种超编只是“表象过剩”，实际上教师数量无法满足正常教育教学工作需要，不少教师都包班教学，工作负荷很重。自2000年国家改革大中专毕业生分配机制以来，虽然桐城市每年均招录补充了一定数量的新教师，但总体上补员数量要少于减员人数，使得全市中小学教师队伍老化现象十分严重。全市男满55周岁、女满50周岁及以上教师已占教师的19.7%，不少小学教师最年轻的已近50岁，全市教师队伍的中坚力量为46岁至50岁年龄段的教师，35岁以下的教师数量显著不足。这些年龄大的同志多为民师转正人员，没有接受过系统的专业教育，专业素质不高，加上身体健康状况不理想，他们基本都难以满工作量工作。由于某种情况，教师的引进与实际需要不相符，导致全市教师中教非所学、专业不对口现象严重，音乐、体育、美术、英语、地理、生物、信息技术学科教师缺口较大，新兴学科如心理健康教育教师目前更是与高比例留守学生局面不相称，教师虽然不缺编，但有些学科没有专业对口教师，严重制约了学校和学生的全面发展。

2.新补充教师素质难如人意，男女比例失衡。

为解决教师需求矛盾，改善队伍结构，补充新生力量，近十年来，桐城市每年均为教育系统安排补员指标，用于招录新教师，每年均成功面向社会招聘了近百名新教师，促进了本市教师队伍整体素质的提高。但是，毋庸讳言，这些招聘的新教师，质量与二十世纪八九十年代国家分配的新教师素质相比要逊色很多。原因在于：目前的教师准入门槛过低。根据《中华人民共和国教师法》等规定，小学教师具备中师学历即可，初中教师具备大专学历即可，很显然，高校扩招以后，现在的中师学历、大专学历与过去的中师学历、大专学历是难以相提并论的。而现有的教师社会地位与待遇又不足以吸引那些高素质、高质量的高校毕业生前来参加教师招聘考试，因此，这些新招聘的教师，素质自然就低了一截。再有，特别是近两三年，桐城市招聘新教师的男女比例明显失衡，总体上女性偏多，要占到70%左右。出现新招聘教师男女比例失衡的原因有两方面：一是因为师范院校里的男生生源偏少，报名时女性就占多数，男生的就业选择很多，考公务员，当选调生，当大学生村官，经商创业，这些听起来似乎都要比当教师更有吸引力，男同志将面临更重的“养家”任务，使得男性不愿去应聘教师岗位；二是因为女性一般学习更加刻苦用功，她们考试的能力更强一些，从而使她们通过考试录用的比例高，新补充的教师女性自然就多。

3.现行职称政策不利于提高教师积极性。

当前影响教师工作积极性最突出因素是教师的职称聘用问题。按照国家的职称政策，根据教师队伍的数量，教师的高、中、初三级职称按照一定的比例，高级职称比例最少、中级职称比例次之、初级职称比例最多，呈“金字塔”形。理论上，这种政策规定是合理的。但事实上，由于教师队伍的引进机制处在由计划向市场过渡的衔接时期，全市教师队伍整体老龄化趋势明显，老年教师、中年教师、青年教师数量呈倒“金字塔”形状，教师队伍结构比例与教师职称设定的比例并不相吻合，在这样结构的教师队伍中去实施规定的职称结构比例，很难在资历与能力、过去历史积累贡献与当前工作量工作实绩这一对矛盾的衡量标准中去寻找到一个合适而恰当的平衡点。另外，由于安徽省职称评聘新老政策缺乏有效衔接，从评聘分开到评聘一致的评聘方式改变后，全市目前共有720名左右的教师取得了任职资格却得不到聘用，其中最早取得资格的时间距今已近十年，这部分同志约占全市教师总数的九分之一，大都是中青年教师，是各校的中坚教学力量，他们职称不能被聘已严重影响到他们的工作积极性。

4.绩效工资实施后，工资地区间差异加剧。

实施绩效工资是党中央、国务院提高教师地位和待遇的一个重大举措，它对于依法保障教师收入水平，增强教师职业吸引力，发挥工资分配的激励导向作用，充分调动广大教师的积极性、创造性，具有重大而深远的意义。但是，现行的“以县为主”的绩效工资实施以后，欠发达地区与发达地区间教师收入差距几乎是天壤之别，甚至在同一个地区，市区与县镇、农村的差距也是比较大的。尽管从法律规定的角度看，基于地区间经济发展差异，教师工资存在差异并不违反规定，但若教师绩效工资地区差异过大，其产生的不良效应和影响可能会日益显现出来。那些在欠发达地区工作的教师们，已经长期因为地方经济因素的影响，在工作环境、福利待遇、生活质量等方面落后于发达地区教师一大截，本来希望通过绩效工资的实施，缩小与人家的差距，结果，自己的工资是提升了，但发达地区教师也同幅上升，差距非但没有缩小，反而成倍加大，年相差达数万元之巨，这无疑会让欠发达地区教师不可理解，导致心理产生不平衡，从而在无形中影响到工作的积极性。果真如此，很显然这违背了实施绩效工资改革的初衷。

5.因为历史原因，学校自聘人员数量较多。

虽然自国家明文规定不得新增代课人员以后，全市严格执行相关政策规定，扎住了代课人员的新增“口子”，但是，因为历史遗留问题，全市的许多学校尤其是农村小学仍有相当数量的自聘人员。

6.周转宿舍、住房问题影响教师安心从教。

《中华人民共和国义务教育法》和《中华人民共和国教师法》都明确规定，各级人民政府应改善教师工作生活条件。农村中小学教师周转宿舍、住房建设是体现以人民为中心的内在要求，是促进农村义务教育均衡发展的重要基础。俗话说“安居”才能“乐业”，要让更多的农村教师免除后顾之忧，安心从教，就必须建设好农村教师周转宿舍、住房，使他们真正做到全身心地投入教书育人事业中去。目前，国家只在少量的国家级贫困县安排一定的经费用于教师周转宿舍、住房建设，桐城市不在其列，没有此项目，所以，多数学校除了能向教师提供一间简陋的宿舍以外，其他的生活条件很不理想。近几年，桐城市招聘教师时，严格执行了《安徽省事业单位公开招聘人员暂行办法》中规定的应聘人员应具备的资格条件，一律面向全国招聘，所以新进的教师本市以外的同志占大部分，又以女性居多，她们的聘用学校交通不够便利，地理位置较偏，不仅居住条件不好，而且由于晚上学校一般只安排一名自聘的食堂炊事员值班护校，所以夜间居住还存在着不同程度的安全隐患。遇到双休日、节假日，这些家在外地的教师吃饭也没有很好的着落，因为工作生活环境条件的种种不便，导致全市农村学校个别教师不能安心工作，放弃聘用、离岗等教师流失现象时有发生。

7.教师专业化推进程度不够影响了名师队伍建设。

桐城市义务教育学段基础教学设施相对不足，只能满足一般教学需要，离新课程改革的要求还有很大差距。许多初中、小学还没有标准运动场和实验室，信息化教学的设施也普遍缺乏。教师队伍素质总体水平还有待提高，教师的学科构成还不能满足教学需要。

三、今后工作总体思路与措施

教师队伍建设，是关系国运兴衰的大事。为深入贯彻国家教育改革和发展规划纲要，为全市教育事业实现又好又快、科学发展提供师资保障，结合桐城市教师队伍建设实际情况，针对存在的困难和问题，我们提出如下工作思路和措施建议：

1.科学核定教师编制。

为了使教师编制管理能保证教育事业发展基本需要，建议适当改变现行中小学教师编制管理办法，按安徽省人民政府有关文件精神，试行以学校为单位，充分考虑农村学校实际，按班级数兼顾班额的核编办法，大班额按人数核编，小班额按班数核编，保证规模小的学校正常教育教学需求，并每两年根据学生数的变化实行动态调控。

2.加大教师补员力度。

在控制教育编制总数的前提下，今后五年按照“出一进一”原则，每年面向社会招聘教师，从根本上改善教师队伍结构，使其达到科学合理。在进行教师补员时，高中学段重点考虑引进具有硕士研究生学历的专任教师，初中、小学教师补充重点考虑学科配套和新兴紧缺学科教师补充。在安排具体补员指标时，坚持向农村学校倾斜，兼顾城镇化发展带来的城镇学校教师需求。

建议加快相关法律法规的修订步伐，提高教师准入门槛，提升新教师质量；切实提高教师待遇和地位，从源头上解决男生不愿意读师范、不愿意当教师的现象。

3.建立教师退出机制。

长期以来，困扰教师队伍建设的主要是“能进不能出”的体制障碍：教师一旦被录用，一般情况下便成了终身制，教师唯一的“出口”就是退休。建议要疏通教师“出口”，建立教师退出机制。可以参照党政机关的做法，对男满55周岁、女满50周岁不适应新课程的教师，动员他们提前离岗休息，将其编制单列，不占教师编制；实施教师提前病休政策，对于患大病无法坚持正常工作的教师，经个人申请，指定医院鉴定，主管部门同意，可提前病休。提前离岗和病休的人员，对其身份、工资待遇和个人利益问题，出台相关政策，尽可能让他们没有顾虑，解决当前超编无法进人的难题。

4.发挥职称激励作用。

教师职称对于激励教师工作热情起着非常重要的作用。我们建议，考虑教师职称结构比例与教师队伍结构不相称的情形，合理确定中小学教师初、中、高级职务结构，适当提高中、高级教师职务比例；采取有效措施，设置特设岗位，解决职称评后未聘教师的聘用问题；在教师职称评审工作中，除正常晋升外，建立职称破格评审机制，对在专业发展中有突出表现，教书育人取得优异成绩的教师，可以破格评审和优先聘用。

5.缩小工资地区差异。

为确保实施绩效工资以后教师收入的地区间差异不是在扩大而是在缩小，建议中央或省级人民政府实行倾斜政策，加大对落后地区的财政支持力度，在此基础上优先提升经济发展相对滞后地区教师待遇的绝对值，或者干脆实行“以省为主”的绩效工资，在全省范围内教师绩效工资总量标准统一，这样可以消除绩效工资总量水平偏低地区教师的不平衡心理，提高他们的工作积极性，最终实现教育均衡发展的目标。

6.加快周转住房建设。

加快现代化教育设施建设步伐，建议以标准化学校建设为契机，加大农村学校教师周转宿舍、住房建设的力度。在积极争取上级人民政府支持的基础上，本市财政配套安排专项资金，以现有学区为单位相对集中建设教师的周转宿舍、住房，不断改善农村学校教师生活工作环境，切实解决好新补充教师和有需要的教师的食宿问题，让相对集中建设的周转宿舍、住房成为农村学校教师工作时的“家”，从而留住优质农村师资，进一步稳定农村教师队伍。

7.重视教师专业化成长，加大教育科研力度，着力培养骨干教师队伍。

一是抽调专人设立“师训中心”，全面统筹教师培训工作，形成“实验、培训、管理、研究”一体化的师训运行机制。二是成立以教研员、学校骨干教师为主要成员的全市学科教研中心组，加强对教师业务成长工作的指导。三是点面结合推进课题研究工作，对正常开展课题研究并顺利结题的单位给予经费补助。四是以督查评比强师德。在职称评定、评优提拔等方面实行师德一票否决制，大力开展师德表彰活动、模范教师评选活动，借助新闻媒体，宣传他们的先进事迹，弘扬正气，激励士气。

二、教师专业培训

教师专业成长离不开专业培训。教师培训是指管理者在日常工作中提升教师知识和态度、开发教师技能的一种训练方法。其目的是规范教师的行为,开发教师的潜力,帮助教师成才。

1.培训法

(1)讲授法

这是传统的培训模式。培训者通过语言表达,系统地向受训者传授知识。新教师入职培训、新课程改革的通识培训、师德师风教育、教育管理干部培训等大多选用这种方法。

(2)研讨法

一般通过召开研讨会的方式,确定主题,开设专题讲座,研讨交流相结合。中高考研讨会、班主任工作交流会、教育技术培训等多选用这种方法。

2.培训类别

由于培训法是在日常工作中使用的,具有很大的灵活性、实用性,因而我们十分重视培训法在推进教师专业化成长中的应用。近几年在教师专业培训方面,我们主要开展了新教师入职培训、骨干教师培训和新课程新教材培训。

3.注意事项

增强培训效果,在准备阶段要重视两点:一要了解参训者的基本情况、基本特点,了解他们的基本需求;二要制订切实可行的培训计划,实施方案要具体到细节安排。要确定具体的学习目标、学习时间、程序安排，要明了学员数量、性别、年龄、爱好，要保证经费投入、保障培训物资支持。

4.培训内容

教师专业发展的一般内容及实现途径

一、社会变迁与教师角色的转变

人类从过去传统社会强调物质、权力、政治转变到现代社会强调经济、文化、知识，甚至出现了“专家社会”一说。教师作为知识分子变成了社会文化资本的生产者：文化知识生产的行动者、研究者。

教育是社会重建及执行社会计划的重要工具。教师的专业化已经成为当前世界范围内教师发展的趋势和普遍要求，所以教师的角色将随着文化资本在社会中作用的变化而变化。教师必须走向专业化，成为专业工作者。

确认教师职业的专业性，推进教师专业化进程，一直是有关国际组织和各国政府努力的目标。各国政府不仅在观念上重视教师专业化发展，而且明确了政府在专业化发展中的责任。联合国教科文组织《关于教师地位的建议》指出“教师应当成为一门专业”，联合国教科文组织第45届国际教育大会指出“在提高教师地位的整体政策中，专业化是最有前途的中长期策略”。

除了各国自主的改革举措之外，一些国际组织也在积极地、大张旗鼓地推动教师专业化的改革，培养具有专业化水准的教师成为国际教师教育改革的目标。

《中华人民共和国教师法》规定：“教师是履行教育教学职责的专业人员”。我国的教师队伍正在发生着历史性的变革，正在从数量发展向质量提高转变，提高质量将成为新世纪教师队伍建设的主旋律。当代青少年的培养教育需要专业化的教师。教育作为一种知识传播和人才培养的专门性活动，越来越具有深厚的学术内涵和广阔的学术前景。提高学历、基准与资格是表面问题，其实质是要提高教师的专业化水平。

二、新课程呼唤教师专业发展

教师面临新课程的挑战。新课程“三维”教育目标，即知识与技能、过程与方法、情感态度价值观，较之于“双基”教育目标，对教师的个人素质提出了新的挑战。

课程改革的基本趋势和发展理念，潜在地规定了教师的基本素质结构 从“教会学生知识”到“教会学生学习”的转变，要求教师必须从“教书匠”转为“创造者”。课程结构改革要求教师具有宽广的专业知识背景 和专业能力。课程内容现代化要求提升教师学术水平，拓宽术视野。

1.关于课程的本质有三种不同的看法：

(1)课程是知识；(2)课程是经验；(3)课程是活动。其中“课程是经验”最能反映课程的本质。因此，很多研究者都认为，可以把课程看成学生在学校中所获得的全部经验的总和，包括学生在有组织的活动中获取的直接经验与体验，学生在“学校文化”中学到的“潜隐课程”，等等。

2.课程内涵的发展趋势表现在六个方面：

(1)从强调学科内容到强调学习者的经验与体验；(2)从强调目标计划到强调过程本身的价值；(3)从强调教材这一单一因素到强调教师、学生、教材、环境四因素的整合；(4)从只强调显性课程到强调显性课程与隐性课程的并重；(5)从强调“实际课程”到强调“实际课程”与“空无课程”并重；(6)从只强调学校课程到学校课程与校外课程整合。

3.新课程的价值观是“一切为了学生”，以学生的发展为本，强调的是全体学生的发展、全面和谐的发展、终身持续的发展、个性特长的发展、活泼主动的发展。

4.本次课程改革的重点之一，就是要让学生学习产生实质性的变化。

从教育心理学角度讲，学生的学习方式有接受和发现两种。在接受学习中，学习内容是以定论的形式直接呈现出来的，学生学习的心理机制或途径是同化，学生是知识的接受者。在发现学习中，学习内容是以问题形式间接呈现出来的，学生学习的心理机制或途径是顺应，学生是知识的发现者。两种学习方式都有其存在的价值，彼此也是相辅相成的关系。转变学生学习方式，即要转变目前在一些课堂中存在的单一、被动的学习方式，提倡和发展多样化的学生学习方式，特别是要提倡自主、探索、合作的学习方式，让学生成为学习的主人，使学生的主体意识、能动性和创造性不断得到发展，培养学生的创新精神和实践能力。

传统的学习方法过分突出和强调接受和掌握，冷落和贬低发现和探究，从而在实践中导致了对学生认识过程的极端处理，使学生学习书本知识变成仅仅是直接接受书本知识，学生学习成了纯粹被动地接受、记忆的过程。转变学习方式就是要改变这种状态，把学习过程之中的发现、探究、研讨等认识活动突显出来，使学习过程更多地成为学生发现问题、提出问题、分析问题、解决问题的过程。强调发现学习、探究学习、研究学习，因此成为本次教学改革的亮点。新课程实施应树立的教学观念，是促进学生全面发展，确立学生的主体地位，注重教会学生学习，尊重学生差异因材施教。

5.教学是教师的教与学生的学的统一，这种统一的实质是交往。强调师生交往，构建互动的师生关系、教学关系，是教学改革的首要任务。

把教学的本质定位为交往，是对教学过程的正本清源。教师与学生都是教学过程的主体，在教学过程中，强调师生间、学生间的动态信息交流，这种信息包括知识、情感、态度、需要、兴趣、价值观等方面以及生活经验、行为规范等。通过这种广泛的信息交流，实现师生互动，相互沟通，相互影响，相互补充，将传统意义上的教师教和学生学让位于师生互教互学，彼此形成一个真正的“学习共同体”。

6.重视发展，淡化甄别与选拔，实现评价功能的转化。

重综合评价，关注个人差异，实现评价指标的多元化。强调质性评价，定性与定量相结合，实现评价方法的多样化。强调参与与互动，自评与他评相结合，实现评价主体的多元化。注重过程，终结性评价与形成性评价相结合，实现评价重心的转移。

7.新课程环境下，教师角色的转变：从“消费者”到“生产者”，从“教书匠”到“研究员”，从“点菜者”到“菜单提供者”，从“施教者”到“引导者”，从“独奏者”到“伴奏者”。

三、教师专业发展的一般内容

1.掌握教学的基本技能。

一要全面掌握课堂教学的技能，如讲解（朗诵）、设疑（提问）、板书（简笔画）、讨论（师生双向交流）、手势语言等。二要全面掌握几种教学模式运用的技能，如讲授法、启发式、点拨法、讨论式、双主体等。三要落实教学常规。(1)备课：精、深；单元备课、超周备课：有侧重点，要训练，要拓展，写备课笔记、教学反思；(2)上课学生为中心，以学定教，教学目标突出，重训练针对性，重能力培养；(3)作业要适量，分层次、个性化，重检查指导，有发必收、有收必改、有改必评；(4)测试与辅导目的明确，有差必补。

2.职业生涯发展的一般阶段。

(1)新手阶段：实习教师和刚从学校毕业的新教师属于这个阶段。尽管拥有一定的心理学和教育学知识，但对学校环境和课堂环境都需要一个重新的认识。不少人感到力不从心，因而有不少的失落感，甚至有些失望。

(2)高级新手阶段：一般来说，具有两三年工龄的教师处于这一阶段。工作积累了一些经验，而且也会有意识地去分析自己的得失，在成功或失败中获取经验，不过还不能有效地处理课堂中的许多情况。工作很认真，但教学效果并不好，缺乏对不同教学环境的分析，缺乏处理问题的灵活性，不能及时地总结经验以便使以后的教学更好。

(3)胜任阶段：一般来说，大多数新手可以胜任教师，但并不是所有的新手都能达到这一水平。从时间上讲，大约工作3—4年后可以达到这个水平。这时能尝试进行课程开发，有意识地选择和舍弃一些教学内容，能很好地把握教学的重点、难点和关键点，也可以对课堂环境和学生听课情况进行分析，对课堂能进行有效控制。

(4)熟练阶段：大约进入第5年，有一定数量的教师便进入了这个水平。在这个阶段，教师产生了对课程和教学进行探究的兴趣，对自己的教育教学实践进行有意识的反思，并尝试运用一些新的教学内容和教学方法。对教学情境产生了直觉的体验，能够在更高的水平上发现教学环境的相似性，能够对新的教学环境进行预测，预测的明晰性和准确性不断提高。

(5)专家阶段:有一定数量的教师可以达到熟练阶段,但能够进入专家阶段的教师就不多了。专家型教师教学技能十分娴熟,他们一般见多识广,能成功地鼓舞别人、指导别人,拥有课程开发和教育研究能力。有研究表明,教师至少积累十年的教学经验,在教室里讲述10 000小时的课,在此之前至少当过15 000个小时的学生之后才能达到专家型教师。

3.为什么一些教师能成为专家型教师?

专家形成过程——回应学习与工作环境的行动方式促进其专业发展;不断选择以成长机会"最大化"的方式处理任务,在"能力极限边缘工作";不断把看似常规的行为"问题化",凭着大脑资源再投入用以解决拓展性的新问题。从职初教师到有经验教师、再到专家型教师的成长历程,充分说明了这一点。

4.成为专家型教师,他们的学习与创新呈现四种基本行动方式。

听中学,做中学,听懂的东西做出来,做好的东西说出来,并以此处理知识与经验、理性思考与行为改善的互动关系。

四、教师专业发展的方法与策略

1.自我规划。

要有明确的发展目标,发挥主观能动性。培养专家型教师的基本理念是终身教育,在实践中成长,以条件性知识与实践性知识为重心。

2.校本培训。

从教师专业发展角度看,教师的成长离不开教育教学实践,如果抛开学校去谈发展或成长,那就失去了发展的基石和依托,因此教师的发展只能在学校中、在具体的实践中、在自身实践的不断反思中才能完成。教师在"培训—反思—实践—再培训—再反思—再实践"的过程中完成从"经验性知识向理论性知识的转化",从"教书匠"的形象向"研究型""专家型"教师形象的转变。

3.参与研究。

教师从事的科研并不是与专业科研同质的,教师所进行的研究是一种特定的"教育教学研究",是对教师自己的教育教学活动进行反思与探究,其目的是为了教育教学活动以更有效的方式展开，使教师能在最少的时间内让学生获得最大的收益。可以说教师的研究是“在教学中研究，对教学进行研究，为了教学的研究”，教学与科研是共生互补关系，教师与研究就存在于教师的教学活动之中。

五、校本教研是教师专业发展的平台

校本教研在我国是指各类学校（主要是指中小学）从学校发展的实际需要出发，就教育教学所存在的突出问题，以一线教育工作者为主体，通过一定的研究程序取得研究成果，并直接用于学校的教育教学，从而提高学校教学质量以及教师的专业文化水平的研究活动。教师所进行的教育活动与知识学习，大多在专业技术和专门知识范围内。

以校为本的教学研究以促进学生的发展为宗旨，以课程实施过程中学校所面对的各种具体问题为对象，以教师为研究的主体。它是一种在理论指导下的实践性研究，既注重解决实际问题，又注重概括、提升、总结经验和探索规律。

1. 以校为本的基本内涵包括：为了学校，在学校中，基于学校。

（1）为了学校。一切为了学校的发展，为了学校教育能力和教育精神的建设，为了学校文化的提升，当前要特别注意形成学校可持续发展的内在机制，进行学校个性化、人本化和特色化建设。任何教育改革都应有这样的自觉——促进学校的发展。为了学校归根到底是为了学生。

（2）在学校中。任何一所学校都是具体的、独特的、不可替代的，它所具有的复杂性是其他学校的经验所不能完全说明的。所以，学校发展只能是在学校中进行的，要靠学校的自我觉醒、自我努力、自我提升。只有植根于学校的生活，贯穿于学校的过程，并被所有教师所体认、所认同、所追求的改革才能沉淀为学校的血肉、传统和文化。

（3）基于学校。学校发展的主体力量是校长和教师，他们拥有真正的发言权，他们是学校的主人，对学校发展负有最直接的责任。要把校长和教师自身的发展与学校的命运有机联系起来，引导他们从学校实际出发，规划学校、发展学校。实践证明，只有充分地调动校长和教师的主动性和创造性，学校才能充满生命活力。

2.校本教学研究的理论基点。

学校是真正发生教育的地方,教学研究只有基于学校真实的教学问题才有直接的意义。校本教学研究旗帜鲜明地强调了三点:学校应该是教学研究的基地,教师应该是教学研究的主体,促进师生共同发展应该是教学研究主要而直接的目的。以校为本的教学研究的基本三要素是:

(1)实践反思。实践反思是开展校本研究的基础和前提,它隐含着三个基本信念:教师是专业人员;教师是发展中的个体,需要持续成长;教师是学习者与研究者。

(2)同伴互助。同伴互助的实质是教师作为专业人员之间的交往、互动与合作,其基本形式有对话(信息交流)、经验共享、深度会谈(课改沙龙)、专题讨论(辩论)等。

(3)专业引领。专业引领就其实质而言,是理论对实践的指导,是理论与实践的对话,是理论与实践关系的重建。专业引领的形式主要有学术专题报告、理论学习辅导讲座、教学现场指导、教学专业咨询(座谈)。

3.以校为本的教学研究的基本过程:

主线索:问题—设计—行动—总结—新的设计—行动—总结,循环往复、螺旋上升。

(1)提出问题。研究总是从问题开始的,教学研究以教学问题为起点。教学问题可以分为两类:理论问题,即针对“是什么”(事实问题)和“应该是什么”而提出的问题(价值问题);实践问题,是基于事实问题与判断、价值问题以及判断针对“怎么做”而提出的问题。

提出问题的方式:从具体的日常教育生活中捕捉有教育意义的小问题,遭遇某种障碍之后尝试性地排除障碍。

从日常教育生活的小问题的解决过程中提升出有教育意义的大问题并形成相关的研究主题。

教学研究中的“提出问题”实际上是一个过程。它是一种参与、介入的态度,提问者已经“把自己摆进去”了。这种“把自己摆进去”意味着提问者已经成为此问题的参与者，而不是旁观者；也意味着提问者已经成为此问题的当事人。

校本研究所指向的教学问题是教师“自己的问题”而非“他人的问题”，是在学校里发生的“真实的问题”而非“假想的问题”。

(2)教学设计。设计指的是解决问题的一种方案、设想、构想、策划。一个好的假设，是解决教学问题、发现教学规律、形成科学的教学理论的前提，是进行教学研究的核心。教师要把日常的备课活动提升到教学设计的高度来认识，使备课与研究成为一件事而非两件事，这正是“教学即研究”口号的本意。力求做到“教教材”“用教材”，即创造性地使用教材；脑中有课标，心中有教材，眼中有学生。

(3)教学行动。行动是设计方案付诸实施的过程。对教师而言，行动意味着改革、改进和进步。它具有以下特征：验证性，检验设计方案的可行性；探索性，发现和寻找各种新的可能性；教育性，服从、服务于学生的成长和发展。

“行动”既包括教师的“上课”，又包括相关的合作者的“听课”，即一般所谓的“集体听课”。此时教师的“上课”被转化为“公开课”“观摩课”或称之为“研讨课”。

就教师的“上课”而言，“行动”不仅意味着观察事先所“设计”的方案是否能够解决问题，而且意味着创造性地执行事先“设计”的方案。教师一旦进入真实的课堂，面对具体的学生，不得不根据学生的实际学习状况、根据教学过程中发生的意想不到的教学事件，去灵活地调整教学内容、调整教案。

就“听课”的合作者(教师同伴或校外专家)而言，“行动”不仅包括观察事先所“设计的方案”是否有效，而且也包括倾听和观察所“设计的方案”被执行的真实过程，倾听和观察方案的执行是否合理。

(4)总结反思。总结在校本研究中既是一个螺旋圈的终结，又是过渡到另一个螺旋圈的中介。在这个环节中，教师作为研究者主要要做整理和描述、评价和解释、重新设计。

六、如何开展校本教学研究

校本教学研究一般包括：基于“教学问题”的课题研究，基于“有效教学”理念的教学设计，基于“教学对话”的教学行动，基于“问题解决”的教学反思。

1.教研员与中小学教师结成的研究共同体。

在这一共同体中，要注意避免：教研员由于视野所限，在指导活动时，为自身的狭隘经验所局限；要尽量淡化指导与被指导的关系，把民主、合作作为处理双方关系的准则；注意消除对教研员的依赖心理，逐步使中小学教师能独立地从事研究活动；教研员要注意针对不同层次的课题，采用不同的工作策略。

2.学校部分教师结成的研究共同体。

这一共同体体现了以下一些特点：研究的问题产生于实际的工作情境之中；案例反映的是教师对自身实践所进行的有意义的、系统的、持续不断的探究反思过程中的一个片段；在校本教研中，教师尽管具有研究过程中不断结聚起来的理论，但仍要掌握一般的理论。

在校本教研基地，一系列适合新课程需要的，能促进教师专业发展的学校制度正在逐步完善，在这些以人为本、彰显人文关怀的新制度下，教师有很大的自主性，可以不受拘束，如模仿他人或服从他人，教师有更多的机会在工作中发挥自己的主见，做出自己的决定。

与校本教研密切相关的制度有理论学习制度、研讨制度、同伴互助制度和课题研究制度等。如同伴互助制度要求教师在自我反思的基础上，全面开放自己，利用学校论坛、教研组活动日、业务学习、学术报告、学术沙龙、研讨课等多种渠道，通过对话、协作、师徒结对、资源共享等多种形式促进专业发展。

3.校长是建立校本教研制度的第一责任人。

校长要真正确立科研办校的理念，将主要精力用于教学研究和教学管理，并确保教师参加培训所必需的经费投入；要建立融汇校内外教学研究资源，直接服务于教师发展的、开放的学校教研网络；要建立教研激励机制，定期奖励教学研究成果；要给教师以人文关怀，尊重和保护教师的专业自主，为教师的教学研究和教学改革排忧解难；要为教师、教研人员和研究者获得经常性的沟通和联系创造良好的环境条件，使教师的困惑能及时得到回应，教师的经验能及时得到关注和分享。

让我们重温朱永新先生的诗句，做一个有追求的教育人。

> 教育的理想是为了一切的人，
> 无论是城市的还是乡村的，
> 富贵的还是贫贱的，聪慧的
> 还是笨拙的；
> 教育的理想是为了人的一切，
> 无论是品德的还是人格的，生理的还是心理的，智力的
> 还是情感的。

做优秀教师　重视落实教学常规

一、德高为师，身正为范

“教育兴则国家兴，教育强则国家强。”国际社会各个国家、不同思想阵营之间的竞争从来就没有停止过，稍有不慎，国家利益就会受到大的损害。竞争，归根到底是人才的竞争！教育关系到国家的兴衰存亡。

党和政府高度重视教育，坚持教育优先发展战略不动摇。

当前，在教师队伍自身方面，我们还缺少了一点人文的情怀，缺少了一点心理的素养，缺少了一点对教育的眷恋，缺少了一点诗人的气质，缺少了一点青春的活力，缺少了一点创造的冲动，缺少了一点爱心和责任感，而这一切都是与理想有关。

一个没有理想的人，是不可能走得多远。一个没有理想的教育，更加不可能走得多远。教育这个职业在本质上就是一个理想的事业。作为一名教师，他应该有一个追求，一个有追求的教师和一个没有追求的教师，生活的方式是相差非常之大的。

做好老师,要有理想信念;做好老师,要有道德情操;做好老师,要有扎实学识;做好老师,要有仁爱之心。

职业性质——筑梦人。教师是教育发展的第一资源,是国家富强、民族振兴、人民幸福的重要基石。教师是人类灵魂的工程师,是人类文明的传承者,承载着传播知识、传播思想、传播真理,塑造灵魂、塑造生命、塑造新人的时代重任。今天的学生是未来实现中华民族伟大复兴中国梦的主力军,教师就是打造中华民族“梦之队”的筑梦人。

职业期待——“四有”好老师。一个人能遇到好老师,是人生的幸运;一个学校能拥有好老师,是学校的光荣;一个民族能够源源不断涌现出一批又一批好老师,则是民族的希望。好老师的标准是要做到“四有”:有理想信念,有道德情操,有扎实学识,有仁爱之心。

职业担当——四个引路人。广大教师要助力学生健康成长,促进学生德智体美劳全面发展,做好学生锤炼品格、学习知识、创新思维、奉献祖国的引路人。

职业方向——四个服务。广大教师要立足岗位,胸怀天下,为人民服务,为中国共产党治国理政服务,为巩固和发展中国特色社会主义制度服务,为改革开放和社会主义现代化建设服务。

发展路径——四个相统一。广大教师要坚持教书与育人相统一,言传与身教相统一,潜心问道与关注社会相统一,学术自由与学术规范相统一。

职业心态——四心从教。我们要满腔热情关心教师,让广大教师安心从教、热心从教、舒心从教、静心从教。我们期待能让所有教师在岗位上有幸福感、事业上有成就感、社会上有荣誉感,让教师职业成为让人羡慕的职业。

工作定位——极端重要。要从战略高度来认识教师工作的极端重要性,把加强教师队伍建设工作作为党和政府的基础工作来抓。我们要建设一支政治素质过硬、业务能力精湛、育人水平高超的高素质专业化教师队伍。

工作重点——三大领域。一是加强师德师风建设,坚决清除教师队伍中的害群之马,要将师德师风作为评价教师素质的第一标准;二是加强教师教育体系建设,加大对师范院校支持力度,不断提高教师培养培训的质量;三是关心教师，改善教师待遇，使教师成为最受社会尊重和让人羡慕的职业。

职业理想——六要。第一，政治要强。让有信仰的人讲信仰，善于从政治上看问题，在大是大非面前保持政治清醒。第二，情怀要深。保持家国情怀，心里装着国家和民族，在党和人民的伟大实践中关注时代、关注社会，汲取养分、丰富思想。第三，思维要新。学会辩证唯物主义和历史唯物主义，创新课堂教学，给学生深刻的学习体验，引导学生树立正确的理想信念、学会正确的思维方法。第四，视野要广。有知识视野、国际视野、历史视野，通过生动、深入、具体的纵横比较，把一些道理讲明白、讲清楚。第五，自律要严。做到课上课下一致、网上网下一致，自觉弘扬主旋律，积极传递正能量。第六，人格要正。有人格，才有吸引力。亲其师，才能信其道。要有堂堂正正的人格，用高尚的人格感染学生、赢得学生，用真理的力量感召学生，以深厚的理论功底赢得学生，做让学生喜爱的人。

苏霍姆林斯基认为，教师不仅仅是知识的传授者，而且是塑造一代新人的“雕塑家”。他特别强调教师作为“教育者”的作用。他认为只有首先成为一个优秀的教育者，才有可能成为一个优秀的任课教师。教育与教学必须是和谐一致的。教师应当用自己的思想和人品去使知识发挥吸引力，使学生感到教师在召唤他们。

苏霍姆林斯基认为，教师的德与才对学生的全面发展起着决定性的作用。他强调：教师的个性、思想财富和对生活真理的信念，作为一种精神支柱决定着青年人的道德面貌、行为举动和善恶态度。

二、注重专业成长，让学习成为常态

1.教师是专业人员。

《中华人民共和国教师法》规定：教师是履行教育教学职责的专业人员。联合国教科文组织《关于教师地位的建议》认为教师应当成为一门专业。在提高教师地位的整体政策中，专业化是最有前途的中长期策略，因此教师要有渊博的知识。

2.教师专业成长的历程。

从时间发展来看，可以分成新手阶段（一年至两年）、熟练新手阶段（两年或者三年)、胜任型教师阶段(五年左右)、业务精干型教师阶段(五年至十年)、专家型教师阶段(十五年至二十年)等五个阶段。

教师专业化成长主要靠内在的动力。

3.让学习成为习惯。

理想的教师应让学习成为习惯:学习新的教育理念,新的知识,新的方法;认真学习,虚心学习,不断学习,是名师人生的主旋律。

4.让研究成为常态。

成为专家型教师,他们的学习与创新呈现四种基本行动方式:听中学,做中学,听懂的东西做出来,做好的东西说出来(写出来),并以此处理知识与经验、理性思考与行为改善的互动关系。

教学与研究是成就名师的"双翼","教"而不"研"则浅,"研"而不"教"则空。教学是研究不竭的源头活水,研究是教学富有生命与活力的有力保障。教育研究、写作使教师不断攀升,教育研究与写作尤其是课题实验为名师插上了腾飞的翅膀。

三、优秀教师的关键是落实教学常规,上好每一节课

一堂好课的特征:扎实、充实、平实、真实。

1.当前对课堂教学效果认识的误区。

(1)有人认为,好的课堂表现就是有良好的课堂秩序,教师按规定完成授课内容,学生也能认真听讲,较好回答问题,教师任务完成了,学生也获得了知识。

(2)要提高课堂的有效性,大量的练习是不可少的。课堂上在老师的监督下,学生进行大量的练习,教师通过讲解当场解决问题。

(3)新课程改革要求注重学生的主体性,所以有讨论的课才是好课,开展讨论,课堂气氛活跃,效果才好。

(4)为了增强生动性和直观性,教师应该大量使用直观教具或多媒体进行教学。

2.落实教学常规。

(1)备课。

备课是上课的前提,不备课不得上课。各学科一律实行超前一周备课,备教要一致。试卷讲评、单元复习课等都必须撰写教案,学校要定期与不定期检查教师教案,教案查阅不能走过场,既要有检查情况的记载,更要有相关问题的改进意见,检查时要注明检查人数、名称、日期、教导处盖骑缝章。备课内容包括研究课程标准和教材,分析学生的知识基础、生活经验、学习态度与需求;研究教学目标要求、教学重点难点、能力和情感态度的培养点;预测学生的学习障碍和对应策略,确定教学方法和教学手段,备好教学所需的教具;实验课前要预做实验。

个人备课是备课的主要形式,集体备课给个人以定向指导,是提高整体效益和教学质量的客观要求。集体备课应做到"三定四统一":即定时间、定内容、定主备人,统一教学目标、统一教学重难点、统一教学要求、统一教学进度。每两周至少开展一次集体备课活动,每次活动不少于两节课。备课组长负责组织安排备课活动。每位备课成员都要在集体备课活动前认真做好个人初备工作,主备人要写出完整的教案,有条件的可将其制作成电子文本。

每位备课成员须在集体备课的基础上,进行个性化的复备,形成自己的教案,一般应列出教学内容的知识结构、技能和能力发展目标,教学重点和难点分析,同时要对学生情感态度、学习策略方面的发展目标进行描述。但教案的主要内容应是如何构建学生在学习过程中的主体活动。教师要精心设计旨在使学生主动地、富有个性地学习的课堂环节。教案的形式灵活多样。

如何备课?备课实质是备教学,核心是教学设计,落实到纸上是写教案。新教师一般从写详案开始,通过写反思促进思考,积累教学经验。教案是课前的计划书,课上的备忘录,课后的反省薄。

一备学生:了解学生基础和学习需求。学生是学习的主体,只有了解学生,教学才能有依据,才能因材施教。备学生,是备课的难点,难在每一个学生都是一个非常活跃又参差不齐的思维体。

二备教具:加强教学直观性。教具的使用,时机的选择非常重要。从教具的作用来说,备课时一旦遇到语言表述非常抽象的情况,或为了突出教学重点,加深学生印象,就要考虑使用教具。

三备教材:吃透文本,紧扣文本。“潜在”是相对于“显露”的,以语文教材为例,其潜在点有三:一是要吃透字词句段的特殊含义;二是要吃透课文的特色;三是要吃透教材的三步设问,写的是什么,怎样写的,为什么要这样写?

四备目标:做到有的放矢。教学目标是课堂教学的核心和灵魂,它具有导向、调控、激励、评价等诸多功能。新课程强调“三维”目标。

五备情境:渲染气氛,营造良好的学习氛围。教学情境是课堂教学的基本要素,创设和谐的教学情境是教学改革的重要追求。教师要根据教学内容的实际,创设和谐的教学情境,引导学生走进教材、走进情境、走进生活。

六备程序:做到层次清楚,脉络分明。教学的一般程序应该是没有问题的,难在如何使一个教学段巧妙地过渡到另一个教学段。教学程序的过渡,要力求自然、紧凑、简洁而巧妙。

七备教法:做到循循善诱,春风化雨。任何教学方法都不是万能的,关键在选择和运用。要依据教师、学生、教材等方面的不同情况,选择一种或几种最能使三者融通的方法。

八备问题:以问题为导向,纲举目张。新课程倡导增强问题意识,课堂教学要以问题为纽带,引导学生积极主动地探究学习。误区:问题过多、过难、过浅、过死,缺乏质量。

九备活动:突出自主、合作、探究,调动主动性。误区:表面热闹,变花、变虚。课堂教学需要设计一些活动,每一项活动设计都要问几个问题:活动的目的是什么?采取什么活动形式?在什么环节活动?活动的效果将会如何?

十备资源:课内课外相结合。围绕教学目标,潜心挖掘教材富含的价值,按照相关性原则,合理利用与之相关的各种有效的教育资源。“用教材教,而不是教教材。”反对随意拓展,无目的利用。

十一备语言:课堂教学语言生动、有趣。导入语要精粹,或激情引趣,或设疑启思;过渡语要精炼,三言两语,上下勾连;提示语要精要,提示思路与方法,让学生心领神会;穿插语要精妙,或调动学生非智力因素,让学生积极参与学习,或启发学生深刻理解学习内容;总结语要精辟,或画龙点睛,或激励、号召、希望,与导入语照应,浑然一体。

十二备作业:突出教学重难点。作业设计属于教学的反馈环节。围绕教学目标,抓住教学的重难点、疑点设计一些趣味性、多样性的题目,强化对重点内容的掌握,有效化解教学中的疑难问题,使作业真正发挥巩固、深化教学内容的作用。

备好课的六要素:

独立钻研教材,是上好课的前提;了解学情兴趣,是上好课的关键;有的放矢的教法、学法,是上好课的保障;分层弹性的课堂练习和课后作业,是巩固教学效果的重要措施;科学灵活的教学程序,是上好课的支撑骨架;简明扼要的"板书设计",是上好课的形象表达。

备课要深。

独立钻研教材,提升把握教材的能力。教师对备课、上课要满腔激情。了解学情,因材施教。创设情境,转换思维,学会创造。博观约取,厚积薄发。关注现实,与时俱进。

(2)上课。

上课是教学过程的中心环节,也是教学管理的重要环节,要严格遵守课程表和时间表,严格遵守学校的各项教学规章制度,坚持教学岗位,准时上课,按时下课,不得随意缺课和私自调课。

教师在预备铃响时应该站在教室门口,目视学生做好上课准备;上课铃响走上讲台,举行上课礼。上课不得使用通信工具,不得无故离开教室,不得在课内做与教学无关的事,不得抽烟,课前严禁饮酒。教师要衣着得体,仪表端正,教态亲切,关爱学生。

教师要尊重学生人格,不得歧视学困生,不得体罚或变相体罚学生。教师有责任教育学生遵守课堂纪律,重视教学卫生,注意学生坐、写、阅读姿势,保护学生视力,实验课一定要注意实验安全。

课堂上要使用普通话,教学语言要准确、简练、生动,板书要规范、条理清晰,能体现知识结构,不写错别字。

课堂教学方法要有启发性,激励性,通过运用灵活、正确的教学方法,努力实现知识和能力、过程与方法、情感态度和价值观"三维"目标的有机结合和统一,在传承优秀的传统教学方法同时,要积极探究和创新教学方法和模式,要培养学生良好的学习和行为习惯,帮助学生树立学习信心,逐步掌握正确的学习方法,实现学习方式的改变,要从课堂动态发展的实际出发创造性地使用教案,以提高教学效果。

在教学过程中,教师应与学生加强沟通,互相促进,共同发展。要创设能引导学生主动参与和体验的教学环境,课堂上要鼓励学生大胆发言,培养学生倾听习惯,倡导学生间的合作学习。课堂讲解应控制在25分钟内,留出时间给学生思考、探究、活动及训练,力争当堂目标当堂达成。

课堂教学中要根据学校实际,充分运用先进的教学手段,努力实现教学手段现代化,为学生的学习和发展提供丰富多彩的教育环境,教学辅助手段的应用必须科学、简便、有效,以提高课堂教学效率,不搞形式主义。

如何上课。

第一,树立“三生”意识。生命意识:首先教师要关爱生命,体贴学生生命成长过程;其次教师要尊重生命,尊重学生的个性差异;最后教师要和学生建立平等的交往关系,学生的主体性得到充分尊重。生活意识:要求教师将课堂生活化,课堂充满了生活的鲜活与多彩,课堂里没有压抑,没有刻板;要求教师主动走出课堂,将学生引入缤纷的社会生活,让学生在生活中运用知识、激发联想和生成创意。生成意识:教学不是完全根据教师的事先预设按部就班进行,而应该成为教学内容持续生长与转化、不断建构与创生的过程。

第二,实现六大转变:从“向师”到“向生”,从“蓝本”到“文本”,从“听话”到“对话”,从“经验”到“体验”,从“独作”到“合作”,从“单极”到“多极”。

第三,正确处理好几个关系。学生主体与教师主导的关系:鼓励学生自主学习,不是教学放任自流、教师无所作为,自主学习不等于自愿学习、自由学习、自我学习。“主导性”与“主体性”和谐统一。教学预设与教学生成的关系:新课程强调课堂的动态生成,但课堂不是茶馆,不能信马由缰,远离文本。预设越充分,预设包含的生成因子就越多,其生成就越有价值。教学民主与课堂秩序的关系:认为新课堂只讲学生的民主而不求对学生的规范,这是误解。课堂上学生“自由”而不“放纵”,“约束”而不“刻板”,民主与秩序有机结合。

总之，上课要清。教师上好一节课的最重要的六步骤是：第一步研究教学对象，第二步吃透教材内容，第三步明确教学目标，第四步把握教学思路，第五步展开教学活动，第六步总结本课内容。

(3)作业布置与批改。

第一，作业布置与批改是促使学生消化和巩固知识的重要途径，是检验教学效果的必要手段。作业目的要明确。要求学生完成的作业，教师备课时要充分了解其深度和广度，弄清各类练习编写的意图和要求，从而有效地指导学生完成作业。

第二，学生作业要精选，题型要多样化，难易要有一定的梯度，要精心布置和认真选择练习题，以利于学生理解和巩固所学的知识培养其解决问题的能力，作业题要有典型性、代表性、针对性，作业的形式要灵活多样，要做到笔练和口练兼顾，理解概念和实验操作兼顾，单项训练与综合训练兼顾，听说读写兼顾，使学生得到全面的训练。

第三，作业要做到适时、适量和科学，注意减轻学生过重的课业负担，减少机械训练，同时又要尽可能发挥学生的潜能。作业布置要考虑到学生的差异，注意作业的开放性和自主性，对学有余力的或有特别兴趣的学生可以布置非常规作业。

第四，各学科教师要注意及时批改作业并反馈，作业一律用红笔批改和评定等级。作业批改要认真仔细，评语书写要工整，符号要统一，评价要恰当，格式、书写要规范。作业评语要体现激励性，提倡精批精改、面批面改和在教师指导下的互批互改。作业批改既是对学生学习的指导，又是检验教学效果反馈信息的重要手段。

学校要经常对教师布置的作业及批改从“质”和“量”两个方面进行检查，检查情况要有记录和评价，及时反馈，并存入教师业务档案。

总之，作业要精。作业是学生巩固所学知识、教师了解学生知识掌握情况的一种重要手段。为此，必须做到“四精”：精心选题，精确批改，精细分析，精当讲评。

(4)辅导。

学生的课外学习和实践是课堂教学的继续,是学校教育的重要组成部分。课外辅导是教师的分内工作。课外辅导要有目的、有计划、有重点。教师应当努力提高课堂教学效率,尽量减少课后集体辅导。

课外辅导必须做到规范辅导要求,强化分类推进,精心实施。讲究针对性,对少数有特长的学生,可引导他们参加课外兴趣小组或学科培训活动,以发挥他们的特长;对学困生辅导要热情耐心,不仅要补知识,更要分析其原因,帮助他们端正学习态度,改进学习方法,树立信心。

课外辅导主要包括学业类辅导、兴趣特长类辅导和身心健康类辅导等。课外辅导要做到"六定":定计划、定内容、定主讲、定对象、定时间、定地点。严禁占用自习课和节假日集体补课。严禁有偿辅导。

重视家访。课任教师、班主任要深入学生家庭,了解学生家庭学习环境、学习习惯、时间安排等具体问题,要与家长保持经常联系,相互沟通,形成合力,从智力因素和非智力因素两方面共同指导教育好学生。

总之,辅导要勤。辅导是因材施教、培优补差的有效方法,学科教师在加强班级教学的同时,要加强个别辅导,要做到集体辅导与个别辅导相结合。

(5)评价。

教学评价在教学中起着反馈、鉴别、导向、激励、促进发展和质量监控的作用。要逐步建立促进学生素质全面发展,教师专业水平不断提高的评价体系。

考试、考查是检验教学效果的重要手段。凡教学计划开设的课程都要考试、考查。课堂提问、随堂测试、检查作业等属于平时考查,期末考试、学业水平考试、教学质量监测等属于考试。考查由任课教师组织,考试由教育行政部门或学校统一组织。

要认真探究形成性评价在教学中的运用规律,不断调整和改进教学过程。在平时的检查、测验中,要根据不同学科和不同内容特点,采用口试、笔试、技能操作、实验活动等方式,充分肯定学生的进步,鼓励学生自我反思、自我提高。要指导学生建立并用好学习或成长档案。

期末考试、质量监测等目标性评价要突出“双基”，同时要全面反映学生综合运用所学知识的能力，如收集、整理、利用信息的能力，提出、研究和解决问题的能力等。考试内容应加强与社会实际和学生生活经验的联系，部分学科可实行开卷考试，采用听、说、写、做等多种有效形式。

学生成绩评定要考查和考试相结合。小学各年级平时考查占60%，期末考试占40%；中学各年级平时考查占30%，期中、期末考试各占30%、40%。小学期末成绩使用等级制记分，分优秀、良好、及格、不及格等，中学采用百分制计分，毕业成绩和升学录取成绩的处理，按教育行政部门的统一规定进行。

学校要加强教务工作管理，组织考试要切实做到规章制度严格，组织措施严密，考纪严明，工作作风严肃。考前的命题、制卷以及运送、保管要严格保密，安排考场及编排考点要科学，要精心选配监考教师，杜绝各种形式的考试作弊现象。

试卷评阅采取集体流水作业的方式进行，评卷标准和掌握要宽严适度，评卷结束要进行全面质量分析，成文备案待查。书面质量分析含以下内容：考试概况、考题分析、质量情况、存在问题、改进措施。学生考试成绩不及格的，学校要组织补考。

总之，评价要准。

一要按照课程标准的要求编制试卷，试题要立足基础，有一定的梯度和区分度；

二要加强考试过程管理，精心组织每次考试，严肃考风考纪；

三要严格按评分标准赋分，对于书写潦草、表达不清的试卷要严格把关，引导学生养成良好的应试习惯；

四要及时做好成绩统计和质量分析工作，对于学生暴露的问题要认真分析原因，及时讲评，及时调整教学策略。

四、重视反思

教学研究是提高教师自身业务素质和教学质量的有效途径。教学研究的内容主要包括学习党和国家的教育方针和政策，学习现代教育理论和先进的教学经验，学习与教学有关的专业知识；钻研课程标准和教材，探讨和改进教学方法;研究提高教学基本功、提高课堂效率的途径和方法,努力实现由“经验型”教师向“研究型”教师的转变。

自我反思就是教师在教育教学实践中,对自我行为表现的定位剖析和修正,包括审视和内省。审视的对象是教育的外部环境、外部文化,内省的对象是自身的教育行为、教育观念、教育视界。

反思的基础在教研。教师在完成教学工作的同时,还要坚持业务进修,不断更新知识。要系统学习教育理论,经常阅读有关报纸杂志和参考资料,积极参加学校、教育局教研室组织的各种教研活动;不断对自己的教学行为进行分析与反思,研究改进教学方法,提高业务素质。提倡每位教师每学年要做到:读一本教学理论专著,执教一节公开课,主持或参与一项课题研究,发表一篇教学论文,面向学生或教师开设一次专题讲座。

就学校方面而言,要积极建立学校听课评课制度,听课评课是一种行之有效的研究课堂教学的重要方法和手段。听课中要认真观察和记录,听课后要思考和整理,还要善于进行比较、研究,精确地评价各种教学方法的长处和短处,并结合自己教学实际,吸收他人有益经验,改进自己教学。在分析他人课时,听课者还要注意分析执教者课外的功夫,看其教学基本功和课前备课情况。提倡对整节课或课中的某个环节开展辨课活动。要求每位教师每学期听课不少于10节,每学年上公开课不少于1节。学校一般每学年要组织一次教学开放周(日)活动。

同时,学校要积极创造条件,充分利用教育资源,努力构建教师专业成长的学习共同体。

反思要致力优化课堂结构。

反思要重视优化教学技能:语言、教态。教师最基本的教学技能:导入技能,教学语言技能,板书板图技能,讲解概念技能,教态变化技能,教学演示技能,提问技能,反馈强化技能,组织教学技能,结束教学技能。

人生应该有梦想,我们的梦想应该与教育的梦想结合起来。我们要志存高远,向教育科研要质量。做思考的实践者,做实践的思考者,做一名优秀的教师!

做有幸福感的教师

一、做好人生规划:差别在八小时之外

教师专业成长主要靠内在的动力。教师的成长之门只能由教师个人打开,别人无能为力。

生命不可逆,人生无法重复再现,所以人生必须规划。没有规划的人生就相当于没有蓝图的建筑施工。生涯规划是辉煌人生与平庸人生的分水岭。

人生是一次旅行,是一次没有返程票的旅行;人生是一场演出,是一场不能彩排的现场直播;人生是一次长跑,是一次不知终点的长跑,不在于你跑得多快,而在于你能跑得多远。精心规划,引领人生,铸就辉煌。

1953年耶鲁大学一项跟踪调查,只有3%的人把自己目标变成文字。再过20年,1973年研究组对这些毕业生进行调查,这3%把目标变成文字的人的财富比另外97%的人的财富之和还多。

哈佛大学也做过类似调查,80%的人没有目标,15%的人脑子里想过目标,只有5%的人想过目标并把目标写成文字,他们的成就不仅超过了自己当初的目标,并且超过了另外95%的和。

做好自我规划:一年打好基础,三年站稳讲台,六年成为骨干,十年成为名师。

为什么一些教师能成为专家型教师?从职初教师到有经验教师、再到专家型教师的成长历程,他们的学习与创新呈现四种基本行动方式:听中学、做中学、听懂的东西做出来、做好的东西说出来(写出来),并以此处理知识与经验、理性思考与行为改善的互动关系。

二、学习与研究

理想的教师应让学习成为习惯,要不停地学习新的教育理念、新的知识和新的方法。认真学习,虚心学习,不断学习,是名师人生的主旋律。

教学与研究是成就名师的“双翼”,“教”而不“研”则浅,“研”而不“教”则空。教学是研究不竭的源头活水,研究是教学富有生命与活力的有力保障。教育研究、写作使教师不断攀升,教育研究与写作尤其是课题实验为名师插上了腾飞的翅膀。

可以说教师的研究是“在教学中研究，对教学进行研究，为了教学的研究”，教学与科研是共生互补关系，教学研究就存在于教师的教学活动之中。教师从事的科研并不是与专业科研同质的，教师所进行的研究是一种特定的“教育教学研究”，是对教师自己的教育教学活动进行反思与探究，其目的为了教育教学活动以更有效的方式展开，使教师能在最少的时间内让学生获得最大的收益。

三、教师的研究应立足于教学实际

主要体现在四个方面：备好课，开展好教研组活动，反思和同伴互助，课题研究。

1. 如何备课。

备课没有什么诀窍，就是那么翻来覆去地诵读、默想。当读出了自己的理解、情感，读出了文章的妙处，读出了自己的惊喜时，我便敢走进课堂。

2. 如何开展课题研究。

课题研究是教师专业发展的基点，也是教师踏上“幸福的研究路”的必经之路。通过课题研究，教师能提升教育教学水平，从而激发学生热情，挖掘学生潜能，塑造学生人格，进而丰富自己的情感，满足自己的精神追求，提升自己的生命价值，实现自己的幸福理想。

(1)选题原则。

价值性原则：利于指导具体的教育教学工作，全面提高教育质量。

科学性原则：符合教育科学理论及规律，具有明确的指导思想和科学根据。

创新性原则：有新意、独创性、突破性。

可行性原则：具备保证其正常开展并取得预期成果的现实条件。

选定的课题应注重实践，贴近教育教学实际。

(2)选题路径。

从教育实践中选题：从课堂中、教材中、学生中、管理中选。

从社会需要中选题：如素质教育、创新教育、减负、教师专业发展等。

从科学理论中选题：教育教学理论，如接受美学理论对阅读的指导。

从学术信息中选题：及时捕捉新的信息，从中发现新的研究专题。

当然，选择课题的渠道还有很多，如从有关部门发布的课题指南中得到专题，从先进的经验和方法中提炼专题，从学科教育史料中发现专题，从个人兴趣特长中确立专题等。

（3）选题时存在的共性问题。

①课题表述上的问题。

课题名称表述应用科学性的语言，尽量反映出研究的对象、内容、方法等。与此相反，有的课题却是口号型，如“让课堂教学活起来”，让人觉得是雾里看花；有的课题是宽泛型，如“培养小学生运动能力研究”，运动的范围太广了，让人找不着边际；有的课题是修饰型，如“诗文修身立德，书画移兴陶情——利用传统文化提升学校德育质量的实践与研究”，将诗文书画的作用功能作为主标题加以美化，让人觉得不伦不类；有的课题是并列型，如“小学生课外阅读兴趣与阅读技巧培养”，“阅读兴趣”与“阅读技巧”并列，让人找不着重点。课题名称应褪尽浮华，追求科学的真。

②选题价值上的问题。

课题的选定应有一定的理论价值和实践价值，应有一定的创新性，但有些申报的课题价值不大。例如“初中数学知识在生产生活中应用的研究”，由于初中数学知识在数学知识体系中处于最基础与低层次的水平，因而本课题比研究数学加、减、乘、除在生产与生活中应用的价值大不了多少。又如“高三化学有效复习研究”，“有效”只是结果描述，创新性的方法手段才是研究重点，课题名称中对此却没有明确。如果研究的复习方法都是高三复习中一些常用的方法，那么本选题价值不大。

③研究可行性上的问题。

研究者所处的工作环境、生活环境若能与课题所研究的问题背景相一致，就能对他的研究给以有力的支持，否则就有可能超越研究者的能力范围，使研究缺少可行性。评审中发现有许多申报的课题都存在这个方面的问题，如“日常生活习惯和行为规范教育研究”，研究“谁”的日常生活习惯和行为规范？标题中没有界定。从另一个角度看，日常生活习惯和行为规范教育涉及学校、家庭、社会等方面，课题申报人所在的“中心小学”最多只能在社会、家庭与学校联动中实现学校对小学生日常生活习惯和行为规范教育而已。

④研究内容上的问题。

课题研究主要内容，是课题申报表上需填写的一项重要项目，它是课题内涵的具体展开，是课题下一步研究的架构和方向。在这方面评审组发现的主要问题有：

第一，内容与所申报的课题不一致。如“学科教学德育渗透问题研究”，在内容中主要讲的却是“国学”教育的相关问题。又如“小学英语课堂情境创设有效性策略研究”，后面却表述为“小学英语教学关注学生情境，营造宽松、民主和谐的氛围策略研究”。

第二，内容无新意，缺乏针对性、创新性。如“高中生物特色教学设计的形成初探”的研究内容多数是新课改所要求做到的内容，没有新意。

第三，内容中对关键词把握不透。如“初中数学有效性课堂教学研究”中，对“有效性”的内涵揭示不到位。又如“农村留守生课外自主阅读的探索与实践”中的研究内容与自主关联不够。再如“多元化快乐阅读实施途径的校本研究”的研究内容中，“快乐阅读”元素未能体现。

第四，还有许多课题的研究内容表述简单，内容空泛。

⑤研究条件上的问题

研究条件是研究课题的基本保障，但许多申报的课题条件不够充分，主要表现在：第一，课题负责人不具备相应申报资格，专业职称中没有一位高级教师，都是中一或中二；第二，课题负责人没有与所研究的课题相应的学术经历；第三，课题研究参与人员过少，有的甚至表明只有自己一个承担，缺少团队支撑；第四，有的课题组成员分工很不合理，任务不明晰。

(4)怎样开好题。

首先，要写好开题报告。开题报告主要包括：

课题名称：准确、规范、简洁。研究意义：回答“为什么要研究”。研究目标：要解决的具体问题。研究内容：具体、明确，对课题进行分解。研究方法：

研究的方法很多，写出主要的方法。研究步骤：课题研究在时间和顺序上的安排。成果形式：报告、专著、软件、课件等。组织机构和人员分工。设备条件和经费预算。

其次，要召开开题会，正式宣布课题研究开始。开题，标志着课题的正式启动，对外是宣言，通告课题组的工作，公开表示课题组所有成员的决心；对内是战前动员，使课题组全体成员进一步明确课题的总体目标和每个成员承担的任务，尽快进入研究状态，全身心投入课题研究上来。开题主要是“挑毛病”，一般要重新审视课题研究的可行性，对研究思路进行再论证，对研究方法进行再论证。

(5)课题研究过程与策略。

做课题，关键在“做”。一要理论与实践相结合。边学习，边实践，在实践中探索，在探索中升华。二要求真与求实相结合。求实，就是务实，敢于进行理论假设，勇于进行实践探索，善于调整实验方向。求真，就是要客观。要认真，没有干的工作不能编造，不是自己的东西不能生搬硬套，研究材料中得不出的结论不能牵强附会。三要继承与创新相结合。

要注意几点：

一是切实做好课题研究的起始工作：要分解研究目标，形成子课题；分工要明确，责任具体。

二是制定详细的研究计划，形成可操作的实施方案：研究的目的和意义，研究的方法与途径，研究的对象与范围，实施步骤与进度，成果的呈现形式，课题组成员分工，过程管理的措施方法，经费预算等。

三是积极进行研究活动：校内研讨，校际交流，做好案例研究，做好日常研究；行动研究（发现问题—做出判断—行动—观察效果—改进措施—再行动），将研究和日常教学工作融为一体。

四是全面系统地做好资料收集与整理工作：搜集与课题相关联的背景资料，整理课题研究过程中的体会、论文和案例，收集典型个案，及时积累课题研究中取得的成果。

(6)结题应注意的事项。

结题所需的材料包括结题申请报告、课题立项申请报告、课题立项批复通知、课题研究的阶段性总结、课题研究终结性结题报告和附件六大方面材料。其中要特别注意两点：一是课题组在提交结题申请前，应对结题材料进行充分准备，特别是结题报告的撰写；二是对课题的研究结果要客观如实地进行反映，正确认识课题研究中存在问题，失败也是一种成功，它是以后对同类课题进一步研究的宝贵经验。

四、做有幸福感的教师

(1)我是普通大众的一员：教师要主动走下神坛，卸除包袱，清醒地认识到“我很平凡”“我很普通”。

(2)经营好家庭：不把工作的负面情绪带回家，教育好子女。

(3)慎独。要自信，要自尊，要自律，要自强。

(4)享受“桃李满天下”的幸福。

人生应该有梦想，我们的梦想应该与教育的梦想结合起来。一个教师不在于他教了多少年书，而在于他用心教了多少年书。

我们要志存高远，做一名充满智慧和诗意的幸福教师！

三、新课程培训

新课程改革关键在人才培养目标和培养方式发生了转变。实现新课程的培养目标,关键在于教师要切实更新观念,改变教学方法。抓好新课程培训,就成了教师培训工作的重中之重。在课程改革推进的初期,我们根据省教科所要求,利用暑假时间,先后组织3000多位教师参加了省级新课程培训;同时,我们利用双休日、节假日,根据新课程的推进进度,组织全体授课教师,分学科开展新教材培训工作。全体教研员担任主讲教师,研读新教材,探讨新教法,充分发挥教学骨干的带动和引导作用。

新课程须用新理念

从2002年秋季开始,桐城市将成为基础教育新课程改革的省级实验区之一。在省市相关部门领导的直接关注下,我们认真参加了国家级、省级基础教育新课程改革通识培训,聆听了课改专家学者的学术报告,深深地感到加快基础教育改革工作的责任感和紧迫感,课程改革已经提到促进素质教育取得突破性进展的关键环节。为此,深入学习和领会新课程的培养目标和课程改革的具体目标,对于桐城市基础教育课程改革的顺利实施具有特别重要的意义。我们将自己的学习体会实录下来,汇报如下:

一、新课程培养目标

全面贯彻党的教育方针,全面推进素质教育。根据这一指导思想,新一轮基础教育课程改革确立了新课程的培养目标,那就是使学生成为:具有爱国主义、集体主义精神,热爱社会主义,继承和发扬中华民族的优良传统和革命传统;具有社会主义民主法制意识,遵守国家法律和社会公德;逐步形成正确的世界观、人生观、价值观;具有社会责任感,努力为人民服务;具有初步的创新精神、实践能力、科学和人文素养以及环境意识;具有适应终身学习的基础知识、基本技能和方法;具有强壮的体魄和良好的心理素质,养成健康的审美情趣和生活方式,成为有理想、有道德、有文化、有纪律的一代新人。

新课程的培养目标具有鲜明的时代特征,体现了全面发展的教育方针和素质教育的时代要求。它力求充分体现基础教育的基础性,这个基础不仅包括科学文化基础,更包括思想品德基础,还包括终身发展的许多方面的基础。为了实现新课程的培养目标,《基础教育课程改革纲要(试行)》提出了本次基础教育课程改革应努力实现的六项具体目标:一是改变课程过于注重知识传授的倾向,强调形成积极主动的学习态度,使获得知识与技能的过程同时成为学会学习和形成正确价值观的过程。二是改变课程结构过于强调学科本位、科目过多和缺乏整合的现状,九年一贯整体设计课程门类和课时比例,设置综合课程,适应不同地区和学生发展的需求,体现课程结构的均衡性、综合性和选择性。三是改变课程内容"难、繁、偏、旧"和过于注重书本知识的现状,加强课程内容与学生生活以及现代社会、科技发展的联系,关注学生的学习兴趣和经验,精选终身学习必备的基础知识和技能。四是改变课程实施过于强调接受学习、死记硬背、机械训练的现状,倡导学生主动参与、乐于探究、勤于动手,培养学生搜集和处理信息的能力、获取新知识的能力、分析和解决问题的能力,以及交流与合作的能力。五是改变课程评价过于强调评价的甄别与选拔的功能,发挥评价促进学生发展、教师提高和改进教学实践的功能。六是改变课程管理过于集中的状况,实行国家、地方、学校三级课程管理,增强课程对地方、学校及学生的适应性。

二、课程改革的关键是课程功能的改变

当前,世界各国的课程改革都将课程功能的改革作为首要目标。针对长期以来基础教育课程过于注重知识传授的倾向,我国此次课程改革特别强调改变基于精英主义思想和升学取向的过于狭隘的课程功能,努力使基础教育课程的功能转向引导学生形成积极主动的学习态度,使获得基础知识与基本技能的过程同时成为学会学习和形成正确价值观的过程。传统的课程过于关注知识和技能,而学习过程和方法、情感态度价值观等其他价值成为附庸,变得可有可无。这样一来教学的结果只是在强化获得知识，而忽略了学生的全面发展。我们要知道，求知、开发智力无疑是教育的一项基本任务，但远不是唯一任务。课程的功能绝不仅仅只是传授知识，应当通过课程使学生学会做人，学会求知，学会劳动，学会生活，学会健体，学会审美，使学生得到全面和谐的发展。

在对基础教育现状深刻反思、对国际课程改革趋势的深入比较、对未来人才需求进行认真分析后，本次课程改革不仅仅调整课程结构和更新课程内容，更重要的是让课程功能发生重大改变，从单纯注重传授知识转变为引导学生学会学习，学会合作，学会生存，学会做人。首先，根据时代发展的要求和基础教育的任务，确定学生终身发展必备的基础知识和基本技能，使基础知识和基本技能赋予了新的内涵。其次，强调学生学习的过程和方法。以往更多关注的是学习的结果，而忽略了学生是通过什么样的学习方式和策略来学习的，死记硬背、题海训练得到的高分掩盖了学生在学习方式上存在的问题。为了实现课程功能的改变，本次课程改革特别强调探求新知的经历和获得新知的体验。这个过程对丰富学生的内心世界，培养学生的创新精神和实践能力有着不可估量的作用。第三，强调在学习知识的过程中培养学生正确的价值观、人生观和世界观。学生应该在学习知识的过程中，学会正确的价值选择，逐步具有社会责任感，努力为人民服务，树立远大理想。这种过程将深刻地影响他们思想道德的形成，影响他们人生的抉择。此次课程改革，每一门课程标准都对知识与技能、过程与方法以及情感态度价值观三方面进行有机整合，努力体现新课程的价值追求。

三、课程实施的改变呼唤学习方式的变革

在知识激增和信息化的时代，掌握知识是重要的，但更重要的是如何掌握知识。为了实现新课程的培养目标，在课程实施方面，本次课程改革针对过于强调接受学习、死记硬背、机械训练的现状，在学习方式上倡导学生主动参与、乐于探究、勤于动手，培养学生搜集和处理信息的能力、获取新知识的能力、分析和解决问题的能力，以及交流与合作的能力。为此，需要在课程事实过程中确立学生的主体地位，建立学生自主、探索、发现、研究以及合作学习的机制，帮助学生学会在实践中学，在合作中学，为其终身的学习和发展奠定基础。

课程实施的改变呼唤学习方式的变革。接受式学习和探究式学习是两种重要的学习方式，它们对学生的学习来说是相辅相成、缺一不可的。正因为如此，改变学生的学习方式，成为我国基础教育课程改革的重要目标之一。此次课程改革，首先通过课程结构的调整，使儿童的活动时间和空间在课程中获得有效保障，并在新课程标准中倡导通过改变学习内容的呈现方式，确立学生的主体地位，促进学生积极主动的学习。同时倡导学习过程转变成学生不断提出问题、解决问题的探索过程，并且能够针对不同的学习内容，选择接受、探索、模仿、体验等丰富多彩的适合个人特点的学习方式。学生应该成为学习的主体，应该参与确定学习目标、学习进度和评价目标，在学习中积极思考，在解决问题中学习。

四、新课程须用新理念

实施新课程，实现新课程的培养目标，关键在教师切实更新观念，改变教学方法。首先，要求教师具有课程意识，积极参与课程建设。过去，教师心中只有大纲，只有教材，教师凭一本教材、一本教参打天下。俗话说"灵不灵，照书行"，教师忠实地执行教科书，照本宣科就能完成教学任务，教师和课程是分离的。新的课程观发生了重大变革，将教师的课程意识提到了重要位置，强调课程是由教科书、其他教学材料、教师与学生、教学情景、教学环境构成的一种生态系统。新课程改革中的课程观，不再把课程仅仅理解为教科书，理解为教师教的材料，而是认为课程是教师、学生、教材、环境四个因素的整合。课程不再只是知识的载体，而是教师和学生共同探求新知识的过程。一句话，教师和学生是课程的创造者，他们共同参与课程的开发。可以这样说，有多少个班级就有多少种课程，有多少所学校就有多少种课程。其次，要求教师具有学生意识，适时转换角色，成为学生学习的促进者。新课程强调教师是学生学习的参与者、导引者、促进者。教学就是教师的教和学生的学的有机统一。教学是一种对话、一种沟通，教师不仅传授知识，更与学生一起分享对课程的理解。教学过程，也就是师生交往的过程。在新课程实施过程中，教师要放下架子，从讲台上走下来，建立和谐、民主、平等的新型师生关系。第三，要求教师具有问题意识，积极鼓励学生开展探究性学习。在传统的课堂教学中，几乎是清一色的标准答案，没有问题就是最好的教学。而今天，新课改强调的是要给学生留下问题，没有留下问题的课不能算是好课。新课程要求教师学会指导学生进行探究性学习。在探究性学习中，教师要创设一定的情境，用丰富多彩的亲历活动充实教学过程，让探究成为学生学习的主要方式。教师创造性地使用教材，积极开展以问题为中心的学习活动，通过设计真实、复杂、具有挑战性的开放的问题情境，引导学生参与探究、思考，让学生通过一系列问题的解决来进行学习。

总之，教学的目的是帮助每一位学生有效学习，使每一位学生都能得到充分地发展。在新形势下，新课程因时而化，提出了适应时代要求的培养目标。我们必须从实施科教兴国的战略高度，从提高民族素质增强国力的高度，来认识推进基础教育课程改革，建立具有中国特色符合素质教育要求的基础教育课程体系的重大意义，从而怀着强烈的使命感、责任感和紧迫感，积极地、高度负责地参与并做好基础教育课程改革的各项工作。

以新课程标准的基本理念指导课堂教学

2004年中考已经结束了，各学科教研员在认真分析中考试题，调阅中考试卷的基础上，撰写了中考试题分析。应该说2004年的中考试题，在支持新课改方面又前进了一大步，各位教研员在文章中都有中肯的阐述，希望大家认真学习，仔细领会，并在平时教学实践中用心落实。2005年的中考是实行新课改后的第一次中考，教材全变了，而且我们是安庆市唯一的省级新课程改革实验区。我想就新课改可能给2005年中考带来的影响作两点说明，仅供大家参考。

一、评价理念将得到提升

大家知道，教育评价一般分为达标性评价、选拔性评价和发展性评价。长期以来，由于评价的目的多是为了奖惩，因而评价方法单一，评价内容程序化，已严重阻碍了教育改革和发展。新课程改革积极构建发展性评价体系，以学生发展为本，逐渐淡化甄别与选拔，积极实现评价功能的转化。在新课程中，评价不再是为了选拔和甄别，而是要发挥评价的激励作用，关注学生成长与进步的状况，并通过分析与指导，提出改进计划来促进学生的发展。在这一理念下，新课程评价有了新的特点：一是评价指标多元化，重视综合评价，关注个体差异；二是评价方法多元化，强调质性评价，定性与定量相结合；三是评价主体多元化，强调参与与互动，自评与他评相结合。具体说来，我们要关注学生评价改革的四个方面：一是树立评价和考试以学生为中心的观念。新课改并不排斥考试，应该说学生应试的能力也是其个人综合素质的一个方面，问题的关键在于新课改要求用发展的眼光看学生，要尊重学生的现有状况，努力营造和谐、宽松、平等的评价环境，通过评价发现学生的优势和特长，找出学生不足的原因，从而提出合理的有针对性的改进意见。二是评价与考试将体现时代特征，多方面对学生进行评价。典型说法是三维评价：基本学科素养，收集信息、发现问题、解决问题的能力，与他人交流与合作的团队精神和责任感。三是评价与考试将注重实践，注重考查学生探究和创新的能力。四是评价与考试将基于学生差异，注重考查学生的个性和特长。为此我们要树立“人人能成才”的观念，“补短”与“扬长”并举，培养“合格”加“特长”的学生。

二、课堂教学须进行变革

新课改最终要发生在课堂上。教学理念再先进，课堂教学如果没有发生变革，课改将是一句空话。从教师教学的基本功来说，任何时候，教学基本功都是十分重要的，我们要有扎实的学科专业知识，要有良好的语言表达能力，要有较好的课堂驾驭能力、课堂应变能力，还要有良好的实践操作能力，能熟练使用现代教学手段辅助教学。但是，仅有这些远远不够。课堂教学在新课改中发生了变革：一是课堂教学目标要由重基本知识和基本技能向三维目标转化，课堂教学越来越强调要以促进学生的发展为根本宗旨。除了基础目标外，还提出了促进学生主体性发展的目标，包括学生的自主性、主动性和创造性。特别是新课程强调课堂教学中学生参与学习的情感体验，强调在教学过程中师生互动的情感交流、熏陶感染。二是课堂教学的内容设计要科学合理。教师再不能以“照本宣科”为满足，在新课程中，教材仅仅是例子，是教学话题。教师要正确理解教材所表达的意图，根据本班学生的特点，密切结合社会实际和学生生活实际，创造性地使用教材，培养学生的动手解决问题的能力。三是变课堂为学堂，强调学生的主动学习。自主、合作、探究，是新课程倡导的学习策略。在课堂教学中，教师要给学生主动参与学习的时间和空间，让学生主动参与知识的建构过程。我们要承认学生的差异性发展，尊重学生的现有状况，鼓励学生对教学内容的质疑，创造条件让学生体会到创新的乐趣。

学习新课标，聚焦新理念

基础教育课程承载着党的教育方针和教育思想，规定了教育目标和教育内容，是国家意志在教育领域的直接体现，在立德树人中发挥着关键作用。

2003年，教育部印发的普通高中课程方案和课程标准实验稿，指导了十余年来普通高中课程改革的实践，坚持了正确的改革方向和先进的教育理念，基本建立起适合我国国情、适应时代发展要求的普通高中课程体系，促进了教育观念的更新，推进了人才培养模式的变革，提升了教师队伍的整体水平，有效推动了考试评价制度的改革，为我国基础教育质量的提高做出了积极贡献。但是，面对经济、科技的迅猛发展和社会生活的深刻变化，面对新时代社会主要矛盾的转化，面对新时代对提高全体国民素质和人才培养质量的新要求，面对我国高中阶段教育基本普及的新形势，普通高中课程方案和课程标准实验稿还有一些不相适应和亟待改进之处。

2013年，教育部启动了普通高中课程修订工作。本次修订深入总结21世纪以来我国普通高中课程改革的宝贵经验，充分借鉴国际课程改革的优秀成果，努力将普通高中课程方案和课程标准修订成既符合我国实际情况，又具有国际视野的纲领性教学文件，构建具有中国特色的普通高中课程体系。

一、修订工作的指导思想和基本原则

(一)指导思想。

以马列主义、毛泽东思想、邓小平理论、“三个代表”重要思想、科学发展观、习近平新时代中国特色社会主义思想为指导思想,深入贯彻党的十八大、十九大精神,全面贯彻党的教育方针,落实立德树人根本任务,发展素质教育,推进教育公平,以社会主义核心价值观统领课程改革,着力提升课程思想性、科学性、时代性、系统性、指导性,推动人才培养模式的改革创新,培养德智体美劳全面发展的社会主义建设者和接班人。

(二)基本原则。

1.坚持正确的政治方向。坚持党的领导,坚持社会主义办学方向,充分体现马克思主义的指导地位和基本立场,充分反映习近平新时代中国特色社会主义思想,有机融入坚持和发展中国特色社会主义、培育和践行社会主义核心价值观的基本内容和要求,继承和弘扬中华优秀传统文化、革命文化,发展社会主义先进文化,加强法治意识、国家安全、民族团结、生态文明和海洋权益等方面的教育,培养良好政治素质、道德品质和健全人格,使学生坚定中国特色社会主义道路自信、理论自信、制度自信和文化自信,引导学生形成正确的世界观、人生观、价值观。

2.坚持反映时代要求。反映先进的教育思想和理念,关注信息化环境下的教学改革,关注学生个性化、多样化的学习和发展需求,促进人才培养模式的转变,着力发展学生的核心素养。根据经济社会发展新变化、科学技术进步新成果,及时更新教学内容和话语体系,反映新时代中国特色社会主义理论和建设新成就。

3.坚持科学论证。遵循教育教学规律和学生身心发展规律,贴近学生的思想、学习、生活实际,充分反映学生的成长需要,促进每个学生主动地、生动活泼地发展。加强调查研究和测试论证,广泛听取相关领域人员的意见建议,重大问题向权威部门、专业机构、知名专家学者咨询,求真务实,严谨认真,确保课程内容科学,表述规范。

4.坚持继承发展。对十余年普通高中课程改革实践进行系统梳理,总结提炼并继承已有经验和成功做法，确保课程改革的连续性。同时，发现并切实面对改革过程中存在的问题，有针对性地进行修订完善，在继承中前行，在改革中完善，使课程体系充满活力。

二、修订的主要内容和变化

（一）关于课程方案。

1.进一步明确普通高中教育的定位。我国普通高中教育是在义务教育基础上进一步提高国民素质、面向大众的基础教育，任务是促进学生全面而有个性的发展，为学生适应社会生活、高等教育和职业发展做准备，为学生的终身发展奠定基础。普通高中的培养目标是进一步提升学生综合素质，着力发展核心素养，使学生具有理想信念和社会责任感，具有科学文化素养和终身学习能力，具有自主发展能力和沟通合作能力。

2.进一步优化课程结构。一是保留原有学习科目，调整外语规划语种，在英语、日语、俄语基础上，增加德语、法语和西班牙语。二是将课程类别调整为必修课程、选择性必修课程和选修课程。在保证共同基础的前提下，为不同发展方向的学生提供有选择的课程。三是进一步明确各类课程的功能定位，与高考综合改革相衔接：必修课程根据学生全面发展需要设置，全修全考；选择性必修课程根据学生个性发展和升学考试需要设置，选修选考；选修课程由学校根据实际情况统筹规划开设，学生自主选择修习，学而不考或学而备考，为学生就业和高校招生录取提供参考。四是合理确定各类课程学分比例，在毕业总学分不变的情况下，对原必修课程学分进行重构，由必修课程学分、选择性必修课程学分组成，适当增加选修课程学分，既保证基础性，又兼顾选择性。

3.强化课程有效实施的制度建设。进一步明确课程实施环节的责任主体和要求，从课程标准、教材、课程规划、教学管理，以及评价、资源建设等方面，对国家、省（自治区、直辖市）、学校分别提出了要求。增设“条件保障”部分，从师资队伍建设、教学设施和经费保障等方面提出具体要求。增设“管理与监督”部分，强化各级教育行政部门和学校课程实施的责任。

（二）关于学科课程标准。

1. 凝练了学科核心素养。中国学生发展核心素养是党的教育方针的具体化、细化。为建立核心素养与课程教学的内在联系，充分挖掘各学科课程教学落实立德树人的根本任务，发展素质教育的独特育人价值，各学科基于学科本质凝练了本学科的核心素养，明确了学生学习该学科课程后应达成的正确价值观念、必备品格和关键能力，对知识与技能、过程与方法、情感态度价值观三维目标进行了整合。课程标准还围绕核心素养的落实，精选、重组课程内容，明确内容要求，指导教学设计，提出考试评价和教材编写建议。

2. 更新了教学内容。进一步精选了学科内容，重视以学科大概念为核心，使课程内容结构化，以主题为引领，使课程内容情境化，促进学科核心素养的落实。结合学生年龄特点和学科特征，课程内容落实习近平新时代中国特色社会主义思想，有机融入社会主义核心价值观、中华优秀传统文化、革命文化和社会主义先进文化教育内容，努力呈现经济、政治、文化、科技、社会、生态等发展的新成就、新成果，充实丰富培养学生社会责任感、创新精神、实践能力相关内容。

3. 研制了学业质量标准。各学科明确学生完成本学科学习任务后，学科核心素养应该达到的水平，各水平的关键表现构成评价学业质量的标准。引导教学更加关注育人目的，更加注重培养学生核心素养，更加强调提高学生综合运用知识解决实际问题的能力，帮助教师和学生把握教与学的深度和广度，为阶段性评价、学业水平考试和升学考试命题提供重要依据，促进教、学、考有机衔接，形成育人合力。

4. 增强了指导性。本着为编写教材服务、为教学服务、为考试评价服务的原则，突出课程标准的可操作性，切实加强对教材编写、教学实施、考试评价的指导。课程标准通俗易懂，逻辑更清晰，原则上每个模块或主题由“内容要求”“教学提示”“学业要求”组成，大部分学科增加了教学与评价案例，同时依据学业质量标准细化评价目标，增强了对教学和评价的指导性。

本次修订是深化普通高中课程改革的重要环节，直接关系育人质量的提升。普通高中课程方案和课程标准必须在教育教学实践中接受检验，不断完善。可以预期，广大教育工作者将在过去十余年改革的基础上，在丰富而生动的教育教学实践中，不断提高课程实施水平，推动普通高中课程改革不断深化，共创普通高中教育的新辉煌，为实现国家教育现代化、建设教育强国做出新贡献。

语文教师专业发展

语文教师是语文课程开发和实施的主体。教师不仅要通过组织学习活动建立课程计划、学习材料、学习者与学习环境的联系，保障语文学科课程目标的达成，还往往以丰富的学识和人格魅力影响学生，在学生的精神成长及人格塑造中起举足轻重的作用。《国家中长期教育改革和发展纲要(2010—2020年)》指出："教育大计，教师为本。有好的教师，才有好的教育。"没有一支富有责任感和使命感、专业知识和教学技能过硬的教师队伍，再先进的教育理念、再完备的课程计划也可能落空。

一、语文教师专业发展的内涵

语文教师专业素质分为三大类：第一类是教师所要掌握的语文学科知识，主要包括字、词、句、语法、修辞、篇章、逻辑等知识，以及文学鉴赏与写作知识、文学史常识。这些知识中的一部分是要通过语文教学活动让学生获得的。第二类是教师拥有的与教学内容相关的教学法知识，包括能用于解释某一概念、阅读策略、写作策略等的典型范例，对学生容易出错的地方、学习难点等有准确的把握。它是教师特有的知识领域，体现了教师对自己的职业理解。第三类是关于语文课程与教学的知识，即如何确定有价值的语文学习内容并以恰当的方式使学生形成语文素养等。其中，第一类知识，大体以汉语言文学系的专业设置为学科背景。第二类知识，主要来源于社会生活经验和课外阅读。第三类知识，以语文课程论和语文学科教学论为学科背景，并与丰富的教学实践经验整合而成。

现阶段，我们要经常思考许多方面的问题，如关于语文课程标准，关于语文学习目标，关于语文教材，关于语文教学设计，关于语文学习活动，关于学习者及认知规律，关于语文课堂教学，关于语文学习评价，关于与信息技术的整合。

二、坚持专业发展，主动适应新课程的要求

1.牢固树立发展的理念。

2.增强学习意识，提高研究能力。

3.建构教学共同体，实现与学生的共同发展。

4.与同行合作，多参加共同备课等研习活动。

5.学会自我反思。

三、语文教师专业发展策略

1.基于自身特点谋求发展。

2.抓住影响专业发展的关键问题，重视阅读与写作。

3.制定计划，长期坚持。

4.创造机会，注意方法。

与2003年版相比，2017年版课程标准有哪些变化？

一、2017年版课程标准修订重点关切五大问题

一是坚持语文课程学科内容与育人目标相融合的改革方向，突出落实立德树人根本任务，充分体现社会主义核心价值观，加强中华优秀传统文化、革命文化和社会主义先进文化的教育。二是确定语文学科核心素养，将高中学生核心素养的培养目标落实到语文课程中。语文学科核心素养究竟是什么？需要进一步提炼归纳，以便教师把握。三是在总结概括语文核心素养的基础上，明确提出语文课程的特质，准确把握语文课程在基础教育中的定位。经过十余年的实验，语文课程“工具性与人文性统一”的特点已经进一步证实，语文课程技术主义、知识本位、文本为纲等片面的做法要进一步摆脱。对这些问题，语文课程标准在修订时必须做出明确回答。四是根据语文课程的实践性、综合性特征和培养学生创新能力的需要，语文课程必须以学生为中心，走出知识本位、技术主义、文本为纲、讲解分析的传统教学模式，根据新的改革思路调整课程设计和实施路径，加强情境化、结构化和选择性，以及教材编写、教学内容的综合性，对此，语文课程标准需要提出可行的方案。五是增强考试评价的指导性和可操作性，进一步与高考有机衔接，体现新课程标准、新

教材、新考试协调一致的思想。

二、与2003年相比，新的课程标准变化情况

（一）课标结构。

①新版（2017年版）课标新增了语文学科核心素养；

②新版课标提出了新的课程结构，并详细说明了设计依据和具体操作建议；

③新版课标创造性地提出了学业质量，并详细阐述了其内涵、水平以及学业质量水平与考试评价的关系；

④新版课标在实施建议部分，增加了学业水平考试与高考命题建议、地方和学校实施本课程的建议；

⑤新版课标在附录部分，把关于诵读篇目和课外读物的建议，变成了古诗文背诵推荐篇目和关于课内外读物的建议，删掉了选修课程举例。

（二）课标内容。

①新版课标进一步明确了语言文字的重要地位，指出语言文字不仅是人类文化的重要组成部分，还存在于人类生活的各个方面；

②新版课标新增了对语文课程的性质、特点及育人功能的具体阐述；

③新版课标对高中语文课程性质不仅保留了旧版课标中对语文素养、思想道德素质、科学文化素质、终身学习、个性发展等的要求，还提出了对传承和发展文化、增强民族凝聚力和创造力的新要求。

（三）课程概念。

①新版课标在强调提高语文素养的同时，提出了以核心素养为本的理念；

②新版课标在强调发挥语文课程的育人功能的同时，明确提出了立德树人、增强文化自信的理念；

③新版课标在强调构建开放、有序的语文课程的同时，还提出了注重时代性、多样性的理念。

（四）课程性质（见表1）。

表1　课程性质比较

版本	具体内容
2003年版	语文是最重要的交际工具，是人类文化的重要组成部分。工具性与人文性的统一，是语文课程的基本特点 高中语文课程应进一步提高学生的语文素养，使学生具有较强的语文应用能力和一定的语文审美能力、探究能力，形成良好的思想道德素质和科学文化素质，为终身学习和有个性的发展奠定基础
2017年版	语言文字是人类社会最重要的交际工具和信息载体，是人类文化的重要组成部分。语言文字的运用，包括生活、工作和学习中的听说读写活动以及文学活动，存在于人类社会的各个领域 语文课程是一门学习祖国语言文字运用的综合性、实践性课程。工具性与人文性的统一，是语文课程的基本特点。语文课程应引导学生在真实的语言运用情境中，通过自主的语言实践活动，积累言语经验，把握祖国语言文字的特点和运用规律，加深对祖国语言文字的理解与热爱，培养运用祖国语言文字的能力；同时，发展思辨能力，提升思维品质，培育社会主义核心价值观，培养高尚的审美情趣，积累丰厚的文化底蕴，理解文化多样性 普通高中语文课程，应使全体学生在义务教育的基础上，进一步提高语文素养，形成良好的思想道德修养和科学人文素养，为终身学习和全面而有个性的发展奠定基础，为传承和发展中华文化、增强民族凝聚力和创造力发挥应有的作用

（五）课程结构（见表2）。

表2　课程结构比较

版本	具体内容
2003年版	高中语文课程包括必修课程和选修课程两个部分，实行学分制，必修课程10学分，选修课程最高可达14学分。必修课程包含“阅读与鉴赏”“表达与交流”两个系列的目标，组成“语文一”至“语文五”五个模块。每个模块都是综合的，体现“阅读与鉴赏”“表达与交流”的目标和内容。学生通过必修课程的学习，应该具有良好的思想文化修养和较强的运用语文的能力，在语文的应用、鉴赏和探究几个方面均衡地发展，为以后有选择地发展打下基础。必修课可在高一全学年及高二上的前半学期连续的五个阶段里循序渐进地完成，也可以根据需要灵活安排 选修课程设计五个系列： 诗歌与散文（B），小说与戏剧（C），新闻与传记（D），语言文字应用与探究（E），文化论著选读与专题研讨（F）。学校可根据本校的课程资源和学生的需求，按照各个系列的课程目标有选择地开设选修课程。对于模块的内容组合以及模块与模块之间的顺序编排，各学校可以根据实际情况变通实施。具体课程的名称可由学校自定

续 表

版本	具体内容
2017年版	普通高中语文课程由必修、选择性必修、选修三类课程构成。三类课程分别安排7—9个学习任务群。中华优秀传统文化、革命文化和社会主义先进文化方面的内容始终贯穿必修、选择性必修、选修 必修课程7个:“整本书阅读与研讨”“当代文化参与”“跨媒介阅读与交流”“语言积累、梳理与探究”“文学阅读与写作”“思辨性阅读与表达”“实用性阅读与交流”。 选择性必修课程9个:“整本书阅读与研讨”“当代文化参与”“跨媒介阅读与交流”“语言积累、梳理与探究”“中华传统文化经典研习”“中国革命传统作品研习”“中国现当代作家作品研习”“外国作家作品研习”“科学与文化论著研习” 选修课程9个:“整本书阅读与研讨”“当代文化参与”“跨媒介阅读与交流”“汉字汉语专题研讨”“中华传统文化专题研讨”“中国革命传统作品专题研讨”“中国现当代作家作品专题研讨”“跨文化专题研讨”“学术论著专题研讨” 必修课程8学分;选择性必修课程6学分;选修课程设计12学分

(六)课程目标(见表3)。

表3　课程目标比较

版本	具体内容
2003年版	学生通过高中语文课程的学习,应该在以下五个方面获得发展。 1.积累、整合 2.感受、鉴赏 3.思考、领悟 4.思维、拓展 5.发现、创新
2017年版	1.语言积累与建构 2.语言表达与交流 3.语言梳理与整合 4.增强形象思维能力 5.发展逻辑思维 6.提升思维品质 7.增进对祖国语言文字的审美体验 8.鉴赏文学作品 9.美的表达与创造 10.传承中华文化 11.理解多样文化 12.关注、参与当代文化

(七)教学建议(见表4)。

表4　教学建议比较

版本	具体内容
2003年版	1.全面发挥语文课程的功能,促进学生素质的整体提高 2.针对高中语文课程的特点实施教学 3.大力倡导自主、合作、探究的学习方式 4.教师和语文课程同步发展 5.必修课程内容的组合和教学实施 6.关于选修课的设计与教学
2017年版	1.发挥语文课程的独特功能,促进学生语文学科核心素养全面发展 2.充分理解学习任务群的特点,处要好学习任务群之间的关系 3.创造综合性学习情境,开展自主、合作、探究学习 4.整体把握必修和选修课程,加强课程之间的衔接和统整 5.探索信息化背景下教与学方式的转变 6.提高课程开发与设计的能力,实现教师与课程同步发展

三、2017年版课程标准最鲜明的几点变化

2017年版普通高中课程标准立足本国国情,着眼于国际视野,顺应新时期的需求,较之2013年版的课程标准有了几点鲜明的变化。

(一)突出文化教育的重要地位。

突出文化教育的重要地位是本次课标修订的重点之一,不仅在语文课标里提出来了,还要求其他学科结合自身特点,丰富充实加强中华优秀传统文化教育的相关内容。语文新课标指出,抓住语文课程对继承和弘扬文化、培养文化自信、推动文化创新发展的优势,加强学生对中华优秀传统文化、革命文化、社会主义先进文化的深入学习和思考,形成正确的世界观、人生观和价值观,从而充分发挥语文课程的育人功能,达到立德树人,增强文化自信的目标。

(二)凝练语文学科核心素养。

新版课标在旧版课标的语文素养的基础上,进一步凝练出了语文学科核心素养。新课标明确指出,语文学科核心素养是学生在积极的语言实践活动中积累与构建起来,并在真实的语言运用情境中表现出来的语言能力及其品

质，是学生在语文学习中获得的语言知识与语言能力、思维方法与思维品质、情感态度与价值观的综合体现。

新版课标把语文学科核心素养凝练、整合成四个方面：语言建构与运用、思维发展与提升、审美鉴赏与创造、文化传承与理解。这四者不是独立存在的，它们之间是相互联系的。其中，“语言建构与运用”是语文学科所特有的，也是其他三项的基础。新课标指出，语言是重要的交际工具，也是重要的思维工具；语言文字是文化的载体，又是文化的重要组成部分，学习语言文字的过程也是文化获得的过程；语言文字作品是人类重要的审美对象，语文学习也是学生审美能力和审美品质发展的重要途径；“语言建构与运用”是语文学科核心素养的基础，在语文课程中，学生的思维发展与提升、审美鉴赏与创造、文化传承与理解，都以语言的建构与运用为基础，并在学生个体言语经验发展过程中得以实现。

（三）建构学习任务群。

学习任务群是本次课标修订的一个亮点，也是组织课程的综合方法。

新课标的“课程内容”主要由“学习任务群”和“学习要求”两部分组成。而2003年版的“课程内容”主要融合在了“课程目标”的表述中，没有单独列项。

新课标在“课程结构”下的“设计依据”中强调本课程需“从祖国语文的特点和高中生学习语文的规律出发，以语文学科核心素养为纲，以学生的语文实践为主线，设计‘语文学习任务群’”。

语文学科学习任务群有18个，即整本书阅读与研讨，当代文化参与，跨媒介阅读与交流，语言积累、梳理与探究，文学阅读与写作，思辨性阅读与表达，实用性阅读与交流，中华传统文化经典研习，中国革命传统作品研习，中国现当代作家作品研习，外国作家作品研习，科学与文化论著研习，汉字汉语专题研讨，中华传统文化专题研讨，中国革命传统作品专题研讨，中国现当代作家作品专题研讨，跨文化专题研讨，学术论著专题研讨。

语文学科学习任务群内容十分丰富，不仅能满足学生学习、生活和日后工作对语言运用基础能力的需求，还能让学生通过自主、合作、探究等学习方式关注跨文化、跨媒介等语言文字运用新视角，提升他们的自主学习的能力和语文课程的实践能力。

何为“学习任务群”？新版课标修订组组长王宁教授在《走进新时代的语文课程改革——访普通高中语文课程标准修订组负责人王宁》中解释：“所谓‘学习任务群’，是在真实情境下，确定与语文核心素养生成、发展、提升相关的人文主题，组织学习资源，设计多样的学习任务，让学生通过阅读与鉴赏、表达与交流、梳理与探究的自主活动，自己去体验环境，完成任务，发展个性，增长思维能力，形成理解、应用系统。这种有人文主题的任务群，是在学校课程总体设计和实施的环境下由学校和教师组织并有计划地引导完成的。它与过去的教学模式有内在的区别——课程中有文本，但不以文本为纲；有知识，但不求知识的系统与完备；有训练，但不把训练当作纯技巧进行分解训练。教师是组织者，学生是主体，师生互动。”也就是说，它超越了传统单篇课文或知识逐点解析的教学思维范式，更注重语文学习的整体性与实践性。这18个“学习任务群”可以说几乎涵盖了高中学生生活、学习和日后工作所需要的听说读写各种语言活动类型，而所涉及的语言学习素材与运用范例、语文实践的话题与情境、语体与文体等，也大体覆盖了历来语文课程所包含的古今“实用类”“文学类”“论述类”等基本语篇类型。每一个“学习任务群”就是一个完整的学习项目，不仅有相对应的学习目标和学习内容，还有关于学习情境、学习方法和必要的学习资源及其获取路径的建议。新课标强调“学习任务群的设计着眼于培养语言文字运用基础能力，充分顾及问题导向、跨文化、自主合作、个性化、创造性等因素，并关注语言文字运用的新现象和跨媒介运用的新特点”。通过这种整合后的情境化、结构化的“群”设计，有利于实现语文课程在语言、知识、技能、思想情感、文化修养等多方面、多层次目标发展的综合效应，争取教学效益的最大化。

学习任务群在教学模式上也与原有的教学模式有着较大的区别，在这个过程中，以专题的形式展开教学。教学内容上有文本，但是不以文本为纲；有知识，也不求知识的系统与完备；有训练，但不把训练当作纯技巧进行分解训练。突出强调整体阅读，学会思维与表达，提升鉴赏能力。教学方式上，教师是组织者,学生是主体,师生互动。

学习任务群强化了学生的自主学习,体现了语文课程的实践性。为体现教育现代化的要求,学习任务群改变了传统的单元课文呈现方式和大量讲解分析的教学模式,落实了社会主义核心价值观通过语文学习活动的导引作用,有利于学生探索个性化的学习方法,鼓励学生根据个人兴趣和特长选择学习内容和学习方式。这对体现语文核心素养、提高实践能力和创新能力有很大的帮助。

(四)优化语文课程结构。

旧版课标把高中语文课程分为必修和选修两大部分,新课标在这一基础上优化了语文课程结构,增加了选择性必修课程,故现行的高中语文课程结构为必修、选择性必修、选修。这三类课程分别安排7—9个学习任务群,并且中华优秀传统文化、革命文化和社会主义先进文化方面的内容始终贯穿必修、选择性必修、选修。

(五)明确学业质量标准。

新版课标研制了学业质量标准,对学生学习具有导向性作用。新版课标指出,学业质量是学生在完成本学科课程学习后的学业成就表现,它以本学科核心素养及其表现水平为主要维度,总体刻画学生学业成就表现。依据不同水平学业成就的关键特征,学业质量标准明确将学业质量划分为不同水平,并描述了不同水平学习结果的具体表现。

语文学科学业质量水平一共分为5个等级,每个水平内部又有4个具体要求。水平1和水平2是必修课程学习的要求,水平3和水平4是选择性必修课程学习的要求,水平5是选修课程学习的要求。需要注意的是,水平2是语文学科高中学业水平考试的依据,水平4是高校招生录取的依据,水平5则是对语文课程更有兴趣的学生所设的较高要求,修习情况可供高校或用人单位参考。

语文学科学业质量标准的提出,增强了语文测试的可操作性,进一步明确和加强了与高考的联系,更能适应新形势下新课程、新考试的需要。

四、特别提出三点

(一)专题学习。

“专题”一词在“2003年版课标”中出现了37次,新课标则出现88次。新课标中,“专题”一词在“课程内容”部分多被表述为“专题”“专题学习”“专题讨论”“专题探讨”“专题研究报告”等,18个学习任务群中有6个任务群直接表述为“专题研讨”。

什么是专题学习?专题学习语境中的“题”是问题、话题、课题、主题。专题学习就是以“题”为最小的教学单位,聚集一组阅读材料,借助“题”在材料间建立“卯榫”结构的内在逻辑关系。大家要特别注意这一点,“专题学习”语境中的“题”不是指向语文学习的凭借物——文本,一旦指向文本,它就是一个个变相的单篇,那将有悖于2017年修订版《普通高中课程方案》中所倡导的育人理念:“关注学生个性化、多样化的学习和发展需求,促进人才培养模式的转变,着力发展学生的核心素养。”“遵循教育教学规律和学生身心发展规律,贴近学生的思想、学习、生活实际,充分反映学生的成长需要,促进每个学生主动地、生动活泼地发展。”

现在使用的教科书从20世纪20年代就开始了单元编写,走到今天已有百年,但课堂教学并没有随着教科书的单元编写发生较大的变化,其根本原因就是无论是编者,还是教师把“教”与“学”的着力点都指向了文本,基本的教学任务与教学内容就是从头到尾地讲解教科书中的课文。而“专题学习”语境下的“题”,必须指向学生身心发展过程中所必然经历和面临的问题,这个问题是出现在学生发展的特定阶段,是学生个体凭借自我的力量难以解决的问题,是必须借助教师这个外力来帮助他很好解决的,是需要借助他人的经验进行厘清与完善的。切记,专题学习中的“题”指向的一定是学习中的个体的人,而不是阅读材料中的文本,这点也是专题学习区别于“主题阅读”“群文阅读”“整本书阅读”的关键所在。设计“专题”的一个根本立足点就是找回被我们长期遗忘了的人,找回丢失了的师生。

案例一:在人的生命成长、身心发展的过程中,都会遇到青春期叛逆的问题,会与正处更年期的父母产生强烈的情感冲突,有时甚至会升级到“敌我矛盾”，这个问题靠孩子自己及其父母是难以在祥和的气氛中得以平缓解决的。邱老师就围绕这个问题设计了《穿越时空父母情——我的父亲母亲》，她引领学生去感受中国式父母爱孩子的独特性，让孩子理解中国父母的舐犊之情。在这个专题中，教师聚合了一批仁人先哲——丰子恺、汪曾祺、朱自清、史铁生等书写父爱、母爱的文章，依据学生的阅读反馈以“卯榫”结构的插接方式有序地、差异化地推送给学生，让学生看到每一个人在长大的过程都会面临正在遭遇的父辈与子辈的情感冲突问题，关键是如何运用恰当的方式表达双方的爱，如何合理、平和地缓解那些已经发生的冲突和矛盾。

案例二：高中生面临的多是早恋问题，面对情窦初开的困惑，学生纠结在好奇、恐慌、拒绝、接受的情感旋涡中。这是一个孩子身心发展的正常阶段，应该得到特别的、全社会的关照。普通教师的做法往往是盯、卡、压、堵，这些做法不仅难以解决问题，还很容易把孩子推向对立面。吴老师围绕这个问题设计了《兴观群怨亲风雅》，陪伴学生在自我阅读中思考、理解什么是恋爱，什么是爱情，与婚姻相伴的责任是什么。通过这个专题的学习，一般情况下，孩子均能很平稳地渡过这段情感萌发的最紧张时期。

案例三：《红岩》是高考的参考书目。当下的学生对此类题材的作品不熟悉，不爱读，又得为考分而读，让学生自主阅读还是有困难的。为此，学校设计了一个组合专题，引领学生追踪“红岩”事件中的真实人物及命运结局：《追寻“红岩”的原型——多元视角读〈红岩〉》。在进行材料筛选时，可聚合罗广斌、杨益言的《红岩》(小说)、何建明的《忠诚与背叛——告诉你一个真实的红岩》(报告文学)、厉华的《红岩档案解密》(历史论著)、沈醉的《我这三十年》(回忆录)和徐远举的《血手染红岩——徐远举罪行实录》(回忆录)，这几本书的聚合可以形成一个“卯榫”结构的阅读框架，使得原本联系不紧密的作品，在“红岩”这个主题上产生一定的内在逻辑关系，打通文学、纪实、史学等学科视角，帮助学生从立体的、多元维度来了解那段烈士鲜血染就的历史。这段革命史是必须要让后人熟知的，如果没有许建业、陈然、江竹筠这样一批人，就没有今天的中国。如果不让我们的学生了解这段历史的真相，他们就会成为无根的一代，难免会被舆论所左右而随风摇摆。

可见,专题学习确实可以打破不同文体、不同主题的界限,有助于解决学生不爱读、不想读、不愿读的教学难题。

(二)整本书阅读。

作为一种阅读策略,整本书阅读在义务教育阶段的课外阅读中已经提出。在普通高中语文课程标准中把"整本书阅读与研讨"设计成一个任务群。它可以单独设置单元,也可以贯穿在其他任务群里实施,比之已经在课外阅读中提出的、作为阅读策略的整本书阅读,它有着更为明确的目的,做法上也有所突破。

互联网环境下,阅读容易走向实用主义甚至功利主义,浅尝辄止、断章取义地截取片段信息。强调阅读整本书,正是针对这种现象。通过语文课程的学习,积累阅读整本书的经验,探索阅读整本书的门径,读懂文本,把握文本,重视学习前人的阅读经验,根据不同的阅读目的,综合运用精读、略读与浏览的方法阅读整本书,对提升运用语言能力和加深思想深度、学会在大量的文本中过滤和吸取多种信息,是非常有益的。

语文课程标准规定了"整本书阅读与研讨"的内容、目标和教学提示。其中特别提出"应以学生利用课内外时间自主阅读、撰写笔记、交流讨论为主,不以教师的讲解代替或限制学生的阅读与思考。教师的主要任务是提出专题学习目标,组织学习活动,引导学生深入思考、讨论与交流。教师应以自己的阅读经验,平等地参与交流讨论,解答学生的疑惑",这对教师的指导提出了很高的要求。教师首先要帮助学生选择好书,而且自己要读好选择的书,并且要关注不同学生的读书习惯和兴趣,才能达到课程标准提出的要求。

(三)课程实施。

新课标已经颁布,在教材编写、教学和评价的实施中还需要重点关注以下四个问题。

第一,把握好语文课程的定位。"语文课程是一门学习语言文字运用的综合性、实践性课程",这里面"学习语言文字运用""实践性"和"综合性"应当是语文课程实施不可偏离的关键点。"语言建构与运用"是语文核心素养的基础,思维、审美、文化的教育应该和它融合在一起。

第二，坚持语文课程的价值导向和基本学习方法。要坚持工具性和人文性的统一，要用恰当的方法把立德树人、社会主义核心价值观和文化自信自觉贯穿语文课程实施的全过程。要坚持语文学习的基本方法，注重读书思考、积累梳理和运用实践，促使语文核心素养的综合发展。

第三，整合“学习任务”，紧抓“语文实践”。提高学生语文核心素养的根本途径是语文实践。普通高中语文课程的实施要把追求语言、技能、知识和思想情感、文化修养等多方面、多层次目标发展的任务，通过情境化、结构化的设计，组合成“群”，争取教学效益的最大化。“语文学习活动”是学生在教科书和教师引领下的自主的语言文字运用实践，活动内容应该紧扣学习语言文字运用的任务和语文核心素养。

第四，实实在在做好探究、创新的教育。语文课程要引导学生发现、创新，探究学习要从学生实际出发，紧扣语文课程的目标，从贴近学生的课程内容和生活现实中的事例入手，培养探究意识和发现问题的敏感性，探索解决问题的思路，同时要重视在探究中培养严谨求实的作风。

四、备考指导

指导学生科学备考，不断提高复习课效率，是教师重要的教学能力。因此，教研工作的一个重要内容就是研究考试，研究复习。多年来，我们一直重视做好以下工作：第一，认真进行初三、高三教学专项检查，及时召开总结反馈会。全体教研员在局领导的带领下，深入学校，深入课堂，听课、查备课笔记、看学生作业；同教师座谈、同学生座谈；听取学校专题汇报。视导一结束，就召开总结反馈会，及时通报检查情况，明确提出改进要求。第二，分学科认真筹办中高考研讨会。我们将全市初三、高三学科骨干教师集中起来，共商复习进度和计划安排。一般程序是先在学校听课，听上课教师的说课，其他与会教师再评课。第三，主动做好调研工作，深入基层学校，召开各种形式的座谈会，及时进行总结反思。各学科教研员认真分析中高考试卷，在暑假中间撰写了各学科中高考试题分析报告，免费发放给学校老师学习交流。

桐城市2011—2013年高考情况分析暨2014年高考备考意见

过去的三年，是全市高中教育改革的三年。从2010年起，在原七中举办补习学校，同时各省级示范高中不再招收复读生。2013年高考，市教育教学质量取得新突破，高考达线人数持续增加，本科达线4621人，其中一本达线1146人。三所省级示范高中和桐中范岗分校发挥了高考主力军作用，五中、六中继续保持了良好的态势。值得一提的是范岗分校本科达线率超过80%，校园稳定，管理规范，社会影响不断扩大，实现了预定目标。为进一步了解全市近三年普通高中教学质量的详细情况，总结全市高考的成功经验，在教育科、招生办的大力支持下，我们组织有关人员，全面分析了市2013年高考和近三年来的高考情况，结合市2013年高考工作实际，对市2013年的普通高考情况与三年前的生源情况进行了专题研究和分析，力争全面、科学、公平、公正地分析市普通高中的教学质量，为各级领导进行科学决策提供依据。现将有关研究报告如下，供大家参考。

一、近三年来全市高考基本情况

1.报考人数文降理升。

全市近三年普通高考的报名情况分类统计如表1所示。据此，可以看出，我市高考报名人数总体呈下降趋势，应届比重逐年提高，历届报名人数逐年减少。

表1　2011—2013年桐城市普通高考报名情况统计

年份	总数	应总	历总	应文	应理	历文	历理
2011年	10 491	7227	3264	3155	4072	1283	1981
2012年	9338	6912	2426	3039	3873	610	1816
2013年	9408	7447	1961	2981	4466	650	1311

说明：应总为应届报名总数，历总为历届报名总数，应文（理）为应届文科（理科）报名总数，历文（理）为历届文科（理科）报名总数。

2.考生水平总体稳定。

一般说来，全体考生总分的平均分基本上可以横向比较各单位考生的总体水平，但是对于同一单位在以选拔性为目的若干年份考试中水平的评价是一项较为复杂的工作。为了有效地分析市近三年来的考生总体水平，我们借助于每年高考的平均分与当年分数线的比值（简称“均线比”）来衡量当年考生的相对水平，进而纵向分析市考生近三年来的总体水平趋势。

全市近三年普通高考全体考生的平均分与本科控制分数线的“均线比”如表2（文科）、表3（理科）所示。

表2　2011—2013年桐城市各高中高考全体考生平均分与分数线的比值统计（文科）

学校	年份	平均分	一本		二本		三本	
			分数线	均线比	分数线	均线比	分数线	均线比
A	2011年	524.43	547	0.958 7	510	1.028 3	487	1.076 9
	2012年	578.57	577	1.002 7	541	1.069 4	512	1.130 0
	2013年	532.99	540	0.987 0	498	1.070 3	458	1.163 7

续 表

学校	年份	平均分	一本		二本		三本	
			分数线	均线比	分数线	均线比	分数线	均线比
B	2011年	481.20	547	0.879 7	510	0.943 5	487	0.988 1
	2012年	493.75	577	0.855 7	541	0.912 7	512	0.964 4
	2013年	481.16	540	0.891 0	498	0.966 2	458	1.050 6
C	2011年	441.84	547	0.807 8	510	0.866 4	487	0.907 3
	2012年	487.92	577	0.845 6	541	0.901 9	512	0.953 0
	2013年	436.10	540	0.807 6	498	0.875 7	458	0.952 2
D	2011年	499.32	547	0.912 8	510	0.979 1	487	1.025 3
	2012年	538.20	577	0.932 8	541	0.994 8	512	1.051 2
	2013年	493.02	540	0.913 0	498	0.990 0	458	1.076 5
E	2011年	397.54	547	0.726 8	510	0.779 5	487	0.816 3
	2012年	408.08	577	0.707 2	541	0.754 3	512	0.797 0
	2013年	382.47	540	0.708 3	498	0.768 0	458	0.835 1
F	2013年	463.60	540	0.858 5	498	0.930 9	458	1.012 2
G	2011年	368.32	547	0.673 3	510	0.722 2	487	0.756 3
	2012年	351.39	577	0.609 0	541	0.649 5	512	0.686 3
	2013年	329.19	540	0.609 6	498	0.661 0	458	0.718 8
H	2011年	439.11	547	0.802 8	510	0.861 0	487	0.901 7
	2012年	456.52	577	0.791 2	541	0.843 8	512	0.891 6
	2013年	382.01	540	0.707 4	498	0.767 1	458	0.834 1
I	2011年	412.94	547	0.754 9	510	0.809 7	487	0.847 9
	2012年	435.06	577	0.754 0	541	0.804 2	512	0.849 7
	2013年	378.50	540	0.700 9	498	0.760 0	458	0.826 4
J	2011年	329.99	547	0.603 3	510	0.647 0	487	0.677 6
	2012年	329.33	577	0.570 8	541	0.608 7	512	0.643 2
	2013年	281.04	540	0.520 5	498	0.564 3	458	0.613 6
K	2011年	355.84	547	0.650 5	510	0.697 7	487	0.730 7
	2012年	353.06	577	0.611 9	541	0.652 6	512	0.689 6
	2013年	287.45	540	0.532 3	498	0.577 2	458	0.627 6

续 表

学校	年份	平均分	一本		二本		三本	
			分数线	均线比	分数线	均线比	分数线	均线比
L	2011年	324.38	547	0.593 0	510	0.636 0	487	0.666 1
	2012年	337.25	577	0.584 5	541	0.623 4	512	0.658 7
	2013年	294.70	540	0.545 7	498	0.591 8	458	0.643 5
全市总平	2011年	408.43	547	0.746 7	510	0.800 8	487	0.838 7
	2012年	424.59	577	0.735 9	541	0.784 8	512	0.829 3
	2013年	382.35	540	0.708 1	498	0.767 8	458	0.834 8

从表2可以看出，市文科考生近三年一、二本均线比略有下降，而三本均线比持平。具体为：A中、B中、C中、G中等一、二、三本均线比稳中有升，L中一、二本均线比有所下降，三本均线比有上升，其他学校稳中有降。

表3　2011—2013年桐城市高考全体考生平均分与分数线的比值统计表（理科）

单位	年份	平均分	一本		二本		三本	
			分数线	均线比	分数线	均线比	分数线	均线比
A	2011年	538.62	534	1.008 7	477	1.129 2	439	1.226 9
	2012年	543.37	544	0.998 8	478	1.136 8	431	1.260 7
	2013年	492.99	490	1.006 1	429	1.149 2	387	1.273 9
B	2011年	478.69	534	0.896 4	477	1.003 5	439	1.090 4
	2012年	465.72	544	0.856 1	478	0.974 3	431	1.080 6
	2013年	432.10	490	0.881 8	429	1.007 2	387	1.116 5
C	2011年	422.12	534	0.790 5	477	0.884 9	439	0.961 5
	2012年	406.89	544	0.748 0	478	0.851 2	431	0.944 0
	2013年	372.30	490	0.759 8	429	0.867 8	387	0.962 0
D	2011年	495.16	534	0.927 3	477	1.038 1	439	1.127 9
	2012年	489.79	544	0.900 4	478	1.024 7	431	1.136 4
	2013年	433.21	490	0.884 1	429	1.009 8	387	1.119 4
E	2011年	419.04	534	0.784 7	477	0.878 5	439	0.954 5
	2012年	421.22	544	0.774 3	478	0.881 2	431	0.977 3
	2013年	365.02	490	0.744 9	429	0.850 9	387	0.943 2

续 表

单位	年份	平均分	一本		二本		三本	
			分数线	均线比	分数线	均线比	分数线	均线比
F	2013年	407.00	490	0.830 6	429	0.948 7	387	1.051 7
G	2011年	323.98	534	0.606 7	477	0.679 2	439	0.738 0
	2012年	311.93	544	0.573 4	478	0.652 6	431	0.723 7
	2013年	285.26	490	0.582 2	429	0.664 9	387	0.737 1
H	2011年	420.56	534	0.787 6	477	0.881 7	439	0.958 0
	2012年	411.73	544	0.756 9	478	0.861 4	431	0.955 3
	2013年	315.18	490	0.643 2	429	0.734 7	387	0.814 4
I	2011年	395.98	534	0.741 5	477	0.830 2	439	0.902 0
	2012年	381.73	544	0.701 7	478	0.798 6	431	0.885 7
	2013年	296.29	490	0.604 7	429	0.690 6	387	0.765 6
J	2011年	274.83	534	0.514 7	477	0.576 2	439	0.626 0
	2012年	244.38	544	0.449 2	478	0.511 3	431	0.567 0
	2013年	252.87	490	0.516 1	429	0.589 4	387	0.653 4
K	2011年	268.36	534	0.502 5	477	0.562 6	439	0.611 3
	2012年	252.98	544	0.465 0	478	0.529 2	431	0.587 0
	2013年	240.11	490	0.490 0	429	0.559 7	387	0.620 5
L	2011年	287.10	534	0.537 6	477	0.601 9	439	0.654 0
	2012年	253.24	544	0.465 5	478	0.529 8	431	0.587 6
	2013年	214.39	490	0.437 5	429	0.499 7	387	0.554 0
全市总平	2011年	433.73	534	0.812 2	477	0.909 3	439	0.988 0
	2012年	398.07	544	0.731 7	478	0.832 8	431	0.923 6
	2013年	388.03	490	0.791 9	429	0.904 5	387	1.002 7

从表3可以看出，全市理科考生总体一本均线比略降，二本持平，三本略升。具体为：一本均线比除A中持平，其他学校都呈下降趋势；二本均线比A中、B中略升，G中持平，其他学校都呈下降趋势；三本均线比A中、B中和C中持平外，其他学校都呈下降趋势。

3. 本科达线率持续提升。

全市近三年高考的本科达线率统计如表4,一、二、三本的达线率持续提升,达线人数也是不断增加,理科达线率已超50%,文科也达30%。

表4　2011—2013年桐城市高考本科达线率统计表

<table>
<tr><th rowspan="2">科类</th><th rowspan="2">年份</th><th rowspan="2">报名总数</th><th rowspan="2">应届总数</th><th colspan="4">一本</th><th colspan="4">二本</th><th colspan="4">三本</th></tr>
<tr><th>总达线数</th><th>应届人数</th><th>总达率</th><th>应届达率</th><th>总达线数</th><th>应届人数</th><th>总达率</th><th>应届达率</th><th>总达线数</th><th>应届人数</th><th>总达率</th><th>应届达率</th></tr>
<tr><td rowspan="3">文科</td><td>2011年</td><td>4438</td><td>3155</td><td>167</td><td>87</td><td>0.02</td><td>0.03</td><td>712</td><td>337</td><td>0.16</td><td>0.11</td><td>1174</td><td>555</td><td>0.26</td><td>0.18</td></tr>
<tr><td>2012年</td><td>3955</td><td>2703</td><td>220</td><td>147</td><td>0.06</td><td>0.05</td><td>702</td><td>345</td><td>0.18</td><td>0.13</td><td>1117</td><td>554</td><td>0.28</td><td>0.21</td></tr>
<tr><td>2013年</td><td>3631</td><td>2981</td><td>183</td><td>127</td><td>0.05</td><td>0.04</td><td>612</td><td>356</td><td>0.17</td><td>0.12</td><td>1107</td><td>691</td><td>0.30</td><td>0.23</td></tr>
<tr><td rowspan="3">理科</td><td>2011年</td><td>6053</td><td>4072</td><td>1026</td><td>745</td><td>0.12</td><td>0.18</td><td>2496</td><td>1508</td><td>0.41</td><td>0.37</td><td>3419</td><td>1996</td><td>0.56</td><td>0.49</td></tr>
<tr><td>2012年</td><td>5383</td><td>3812</td><td>829</td><td>655</td><td>0.15</td><td>0.17</td><td>2135</td><td>1400</td><td>0.40</td><td>0.37</td><td>3033</td><td>1927</td><td>0.56</td><td>0.51</td></tr>
<tr><td>2013年</td><td>5777</td><td>4466</td><td>963</td><td>794</td><td>0.17</td><td>0.18</td><td>2343</td><td>1689</td><td>0.41</td><td>0.38</td><td>3250</td><td>2293</td><td>0.56</td><td>0.51</td></tr>
<tr><td rowspan="3">总平</td><td>2011年</td><td>10491</td><td>7227</td><td>1193</td><td>832</td><td>0.08</td><td>0.11</td><td>3208</td><td>1845</td><td>0.31</td><td>0.26</td><td>4593</td><td>2551</td><td>0.44</td><td>0.35</td></tr>
<tr><td>2012年</td><td>9338</td><td>6912</td><td>1049</td><td>802</td><td>0.11</td><td>0.12</td><td>2837</td><td>1745</td><td>0.30</td><td>0.25</td><td>4150</td><td>2481</td><td>0.44</td><td>0.36</td></tr>
<tr><td>2013年</td><td>9408</td><td>7447</td><td>1146</td><td>921</td><td>0.12</td><td>0.12</td><td>2955</td><td>2045</td><td>0.31</td><td>0.27</td><td>4357</td><td>2984</td><td>0.46</td><td>0.40</td></tr>
</table>

4. 各校近三年达线率统计。

表5 桐城市近三年分校达线率统计表

学校		A中	B中	C中	D中	E中	F中	H中	I中	I中	L中	全市
一本	2011年	53.3	16.47	3.95	0.17	1.69	0.99	0	0	0	2.74	11.5
	2012年	56.95	11.83	2.93	0.19	0	0.79	0	0.4	0.31	3.15	11.6
	2013年	55.46	18.89	4.08	0.53	0.23	0.27	0.18	0.55	0	0.9	12.37
二本	2011年	84.43	50.9	22.75	2.77	8.77	7.33	0.24	0	0.22	13.29	25.53
	2012年	86.73	45	19.94	1.35	5.41	6.49	0.85	0.4	0.31	14.04	25.25
	2013年	85.89	54.58	21.35	3.53	5.94	4.46	0.9	1.94	1.1	6.73	27.46
三本	2011年	92.61	71.26	42.02	7.28	19.23	17.21	0.94	0.83	1.09	21.1	35.31
	2012年	94.71	68.67	43.84	4.81	16.1	16.46	0.85	0.79	0.31	22.76	35.89
	2013年	95.12	77.81	45.92	8.66	16.67	16.22	2.33	4.43	1.38	13.9	40.07

从表5可以看出，A中一本达线率都是在50%以上，而三本达线率更是超90%，B中、C中的一本达线率连年升高。

二、近三年的高考情况与全省、安庆市的比较

1. 本科达线率与全省、安庆市的比较。

表6 2011—2013年桐城市高考本科达线率与省、安庆市对比统计表

年份	全省一本率	安庆一本率	桐总一本率	桐应一本率	全省二本率	安庆二本率	桐总二本率	桐应二本率	全省三本率	安庆三本率	桐城总三本率	桐城应三本率
2011年	0.1010	0.1124	0.0793	0.1151	0.2652	0.2975	0.3058	0.2553	0.3805	0.4262	0.4378	0.3530
2012年	0.1130	0.1161	0.1123	0.1160	0.2929	0.3126	0.3038	0.2525	0.4283	0.4647	0.4444	0.3589
2013年	0.1178	0.1274	0.1218	0.1237	0.2987	0.3325	0.3141	0.2746	0.4404	0.4898	0.4631	0.4007

从表6可以看出，我市总体达线率高于全省平均水平，并呈逐年上升态势；与安庆市相比，一本达线率持平，二本和三本达线率略低；历届达线率比

应届要好。

2. 本科达线人数在全省的比例(见表7-1、表7-2和表7-3)。

表7-1　2011—2013年桐城市高考一本达线人数在全省达线人数中的比例

年份	科类	省一本达线人数	桐总达一本数	桐总占全省比例	桐应届达一本	应届占全省比例
2011年	文	10702	167	0.8%	87	0.8%
	理	43840	1026	1.7%	745	1.7%
	总	54542	1193	1.5%	832	1.5%
2012年	文	11537	220	1.9%	147	1.3%
	理	45631	829	1.8%	655	1.4%
	总	57168	1049	1.8%	802	1.4%
2013年	文	12346	183	1.5%	127	1.0%
	理	47846	963	2.0%	794	1.7%
	总	60192	1146	1.9%	921	1.5%

表7-2　2011—2013年桐城市高考二本达线人数在全省达线人数中的比例

年份	科类	省二本达线人数	桐总达二本数	桐总占全省比例	桐应届达二本	应届占全省比例
2011年	文	37 253	712	1.9%	337	0.9%
	理	105 936	2496	2.4%	1508	1.4%
	总	143 189	3208	2.2%	1845	1.3%
2012年	文	37 851	702	1.9%	345	0.9%
	理	110 339	2135	1.9%	1400	1.3%
	总	148 190	2837	1.9%	1745	1.2%
2013年	文	38 115	612	1.6%	356	0.9%
	理	114 546	2343	2.0%	1689	1.5%
	总	152 661	2955	1.9%	2045	1.3%

表7-3 2011—2013年桐城市高考三本达线人数在全省达线人数中的比例

年份	科类	省三本达线人数	桐总达三本数	桐总占全省比例	桐应届达三本	应届占全省比例
2011年	文	58 883	1174	2.0%	555	0.9%
	理	146 606	3419	2.3%	1996	1.4%
	总	205 489	4593	2.2%	2551	1.2%
2012年	文	61 571	1117	1.8%	554	0.9%
	理	155 152	3033	2.0%	1927	1.2%
	总	216 723	4150	1.9%	2481	1.1%
2013年	文	64 378	1107	1.7%	691	1.1%
	理	160 689	3250	2.0%	2293	1.4%
	总	225 067	4357	1.9%	2984	1.3%

从表7-1、表7-2、表7-3中可以看出，我市近三年高考一、二、三达线人数在全省达线人数中的比例，基本稳定在1.9%，理科比文科略高。

三、2013年全市高考达线情况分析

1. 各校应届考生的学科平均分与入学成绩平均分比较(见表8-1和表8-2)。

表8-1 2013年各校应届的学科平均分与入学平均分关系(应届文科)

学科	项目	A中	B中	C中	D中	E中	F中	I中	J中	K中
语文	中考平均	122.94	118.99	117.4	110.34	113.53	113.16	110.11	108.35	110.62
	高考平均	95.26	91.27	87.95	77.77	82.04	81.87	77.37	75.88	76.23
	增长率	−22.51	−23.3	−25.08	−29.52	−27.73	−27.65	−29.74	−29.97	−31.08
数学	中考平均	137.87	132.1	125.64	110.9	117.12	119.58	106.78	104.6	108.89
	高考平均	105.76	99.19	82.2	55.07	63.66	68.87	43.76	43.47	46.75
	增长率	−23.29	−24.91	−34.57	−50.34	−45.65	−42.4	−59.02	−58.44	−57.07
英语	中考平均	129.9	114.05	112.8	90.65	100.87	103.47	83.51	82.12	88.38
	高考平均	120.22	106.86	105.38	69.21	81.1	80.46	57.69	57.45	61.05
	增长率	−7.45	−6.3	−6.57	−23.65	−19.6	−22.24	−30.91	−30.04	−30.93

续 表

学科	项目	A中	B中	C中	D中	E中	F中	I中	J中	K中
文综	思品平均	74.11	72.89	70.12	67.16	69.46	69.87	68.11	66.02	68.05
	历史平均	66.14	64.91	60.04	55.94	58.91	59.87	55.39	53.66	55.27
	文综平均	211.91	192.2	181.98	150.25	160.62	160.85	130.12	130.24	128.03
	增长率	51.09	39.47	39.82	22.05	25.12	23.98	5.36	8.82	3.82

表8-2　2013年各校应届的学科平均分与入学平均分关系(应届理科)

学科	项目	A中	B中	C中	D中	E中	F中	I中	J中	K中
语文	中考平均	121.37	116.94	114.48	108.03	110.5	111.06	106.83	104.13	106.58
	高考平均	95.76	90.46	86.29	75.27	81.63	78.75	76.12	70.85	70.93
	增长率	-21.1	-22.64	-24.62	-30.33	-26.13	-29.09	-28.75	-31.97	-33.45
数学	中考平均	141.31	136.55	130.91	120.17	125.93	125.4	118.19	112.16	113.68
	高考平均	84.75	71.27	58.74	40.87	47.92	49.14	35.57	30.73	28.91
	增长率	-40.03	-47.81	-55.13	-65.99	-61.94	-60.81	-69.91	-72.6	-74.57
英语	中考平均	128.63	117.57	106.25	85.75	95.48	96.05	73.93	74.43	78.58
	高考平均	118.73	102.41	90.44	66.17	76.71	71.37	56.03	55.52	50.35
	增长率	-7.7	-12.9	-14.88	-22.84	-19.65	-25.7	-24.21	-25.4	-35.92
理综	物理平均	83.84	80.49	73.12	67.93	71.86	71.21	64.5	62.42	64.19
	化学平均	56.24	53.83	50.2	46.58	48.34	47.72	43.83	42.98	42.33
	理综平均	194.93	170.24	156.72	86.39	108.9	102.42	84.24	74.17	68.79
	增长率	39.16	26.74	27.08	-24.56	-9.4	-13.88	-22.24	-29.63	-35.43

从表8-1、表8-2可以看出，语文学科各校基本平衡，文综、理综省示范高中明显比其他学校好。

2.各校高考达线人的学科平均分情况。

为了看出各学科教学情况，把高考达线人的各学科平均分、达线人中的各学科最低分以及最低分在学科中的排名列出，见表9-1(应届文科)、表9-2(应届理科)。其中，A中、B中是一本达线人数；C中是二本达线人数；其他学校是三本达线人数。

表9-1　2013年高考各校达线人学科平均分对比表(应届文科)

学校	参考人数	达线人数	项目	语文	数学	文综	英语	总分
A中	128	64	达一本线人平均分	98.14	117.64	225.42	128.50	569.78
			达线人学科最低分	82	99	202	112	
			达线人学科最低分位次	127	102	98	106	
B中	281	46	达一本线人平均分	98.52	114.37	218.57	122.80	554.26
			达线人学科最低分	84	82	202	101	
			达线人学科最低分位次	242	235	113	185	
C中	356	69	达二本线人平均分	95.39	104.65	201.88	117.22	519.14
			达线人学科最低分	86	72	174	96	
			达线人学科最低分位次	218	240	198	222	
D中	297	32	达三本线人平均分	90.23	95.06	200.19	103.74	489.23
			达线人学科最低分	71	71	157	81	
			达线人学科最低分位次	326	99	181	116	
E中	339	62	达三本线人平均分	89.84	90.50	193.92	109.63	483.89
			达线人学科最低分	75	69	155	59	
			达线人学科最低分位次	313	154	229	287	
F中	306	65	达三本线人平均分	89.63	95.08	194.83	102.97	482.51
			达线人学科最低分	70	64	159	72	
			达线人学科最低分位次	310	186	177	205	
I中	337	5	达三本线人平均分	86.20	97.00	196.20	101.00	480.40
			达线人学科最低分	82	81	183	94	
			达线人学科最低分位次	87	28	10	12	
J中	232	8	达三本线人平均分	91.88	106.25	196.88	107.25	502.25
			达线人学科最低分	80	90	184	77	
			达线人学科最低分位次	84	15	15	43	
K中	228	4	达三本线人平均分	97.75	93.50	206.50	108.00	505.75
			达线人学科最低分	93	85	206	91	
			达线人学科最低分位次	8	13	5	13	

续 表

学校	参考人数	达线人数	项目	语文	数学	文综	英语	总分
L中	185	11	达三本线人平均分	91.67	93.67	198.25	101.08	484.67
			达线人学科最低分	73	71	180	73	
			达线人学科最低分位次	166	44	41	56	

从表9-1中可以看出，2013年高考中，文科各校达线考生中学科最低分的位次与全体考生相比，位置明显偏后，也就是指在学科高分考生中还有相当一部分考生没有达到本科分数线。

表9-2　2013年高考各校达线人学科平均分对比表(应届理科)

学校	参考人数	达线人数	项目	语文	数学	文综	英语	总分
A中	996	561	达一本线人平均分	98.51	93.54	216.96	124.67	533.68
			达线人学科最低分	67	62	166	97	
			达线人学科最低分位次	993	930	807	941	
B中	953	189	达一本线人平均分	94.72	88.30	217.24	115.58	515.84
			达线人学科最低分	76	61	184	78	
			达线人学科最低分位次	937	723	379	882	
C中	774	178	达二本线人平均分	92.01	78.20	186.68	108.00	464.88
			达线人学科最低分	68	49	142	73	
			达线人学科最低分位次	766	563	377	621	
D中	136	17	达三本线人平均分	89.00	69.71	177.35	102.82	438.88
			达线人学科最低分	79	59	116	83	
			达线人学科最低分位次	71	42	42	45	
E中	508	84	达三本线人平均分	88.32	70.31	166.39	98.10	423.12
			达线人学科最低分	72	37	95	53	
			达线人学科最低分位次	463	362	324	427	
F中	388	56	达三本线人平均分	86.45	72.66	170.84	90.55	420.50
			达线人学科最低分	63	39	133	37	
			达线人学科最低分位次	382	289	101	373	

续 表

学校	参考人数	达线人数	项目	语文	数学	文综	英语	总分
I中	192	8	达三本线人平均分	92.13	79.63	174.13	91.63	437.50
			达线人学科最低分	87	66	150	46	
			达线人学科最低分位次	24	15	14	124	
I中	120	8	达三本线人平均分	87.75	76.63	165.00	102.38	431.75
			达线人学科最低分	73	62	140	71	
			达线人学科最低分位次	74	12	11	42	
K中	124	1	达三本线人平均分	73.00	75.00	181.00	114.00	443.00
			达线人学科最低分	73	75	181	114	
			达线人学科最低分位次	49	2	1	1	
L中	215	51	达三本线人平均分	168.09	133.20	173.95	158.78	466.82
			达线人学科最低分	76	40	126	49	
			达线人学科最低分位次	161	138	84	160	

同样，从表9-2中可以看出，2013年高考中，理科各校达线考生中学科最低分的位次与全体考生相比，位置明显偏后，也就是指在学科高分考生中还有相当一部分考生没有达到本科分数线。

3.600分以上人数与全省之比(见表10)。

表10　2013年桐城市600分以上人数与全省比较

年份	文科					理科				
	桐城	全省	占全省比例	全省最高分	桐城最高分	桐城	全省	占全省比例	全省最高分	桐城最高分
2011年	2	504	0.40%	646	616	164	7125	2.30%	699	667
2012年	68	3426	1.98%	671	646	200	11695	1.71%	704	674
2013年	8	579	1.38%	662	627	23	1679	1.37%	675	639

从表10可以看出，全市近三年高考中，600分以上人数在全省占的比例文科逐渐提高，理科则呈降势。

四、近三年艺体类考生的情况

2011—2013年近三年高考应届体艺报考与录取情况统计如表11所示。

表11　近三年高考应届体艺报考与录取情况统计表

学科	年份	学校	A中	B中	D中	E中	F中	C中	I中	J中	K中	全市总计
体育	2011	参考数	2	3	32	6	32	10	12	7	18	122
		录取数			1	1	2	1	1	1		7
	2012	参考数	2	8	24	10	26	8	19	11		108
		录取数			1		2	2				5
	2013年	参考数	1	5	46	13	29	5	18	9	9	135
		录取数		2	8		3	2	2		1	18
艺术	2011年	参考数	4	6	51	38	28	21	11	2	8	169
		美术录取数	2	2	12	11	11	15	2		3	58
		音乐录取数	1	1	9	1	5			1		18
	2012年	参考数	4	7	65	43	32	16	7	2	10	186
		美术录取数	2	2	17	9	4	10	3		2	49
		音乐录取数			13	2	5	1		1		22
	2013年	参考数	2	5	88	24	20	19	27	19	12	216
		美术录取数	1	1	29	11	7	9	11	4	4	77
		音乐录取数		2	17	1	4			1		25

（说明：由于资料限制，只统计省市示范高中应届的数据，其中A中、B中等代表不同的学校。）

从表11中不难看出，我市的体育和艺术类考生逐年增加，本科录取人数也是成比例增长。

五、近三年高考的反思与2014年高考备考意见

（一）近三年高考的反思。

从前面的各种统计表中不难看出，全市高考年年有进步，达线人数不断创新，达线率也是连年增长。但形势依然严峻，与兄弟县市比，市一、二、三本的达线率都落后于安庆市，一本达线率在10%左右停滞不前，处于安庆市8县（市、区）末位；达线人数在全省达线人数中的比重始终在1.9%徘徊，600分

以上人数在全省的比例逐年下降。与教育大市，基础教育先进市，教育强市极不对称。具体为：

1.省级示范高中优而不尖，市级示范高中没有起到应有的示范作用。从表12中可以看到，A中一、二本达线人数在全市的占有率呈下降趋势，B中、C中虽有上升，但上升幅度不大。从表2、表3可以看出，市示范高中先天不足，后劲乏力，致使应届的达线率上升缓慢，没有起到中坚力量的作用。

表12　省示范高中一、二本达线人数与全市达线人数比较

年份	学校名称	一本				二本			
		文科应届	理科应届	应届合计	一本占有率	文科应届	理科应届	应届合计	二本占有率
2011年	A中	68	538	606	0.728	157	803	960	0.52
	B中	13	152	165	0.198	88	422	510	0.276
	C中	3	22	25	0.03	34	110	144	0.078
	全市	87	745	832		337	1508	1845	
2012年	A中	109	526	635	0.792	153	814	967	0.554
	B中	21	101	122	0.152	86	378	464	0.266
	C中	9	11	20	0.025	52	84	136	0.078
	全市	147	655	802		345	1400	1745	
2013年	A中	64	561	625	0.679	106	862	968	0.473
	B中	46	189	235	0.255	132	547	679	0.332
	C中	10	37	47	0.051	68	178	246	0.12
	全市	127	794	921		356	1689	2045	

2.学科之间没有形成合力，各自为政比较明显。从表9-1、表9-2可以看出，各校达线人的学科平均分与各校达线人的学科最低分，相差很大，这不仅说明在学科高分考生中还有相当一部分考生没有达到分数线，也说明学科之间没有进行有效沟通，学生偏科跛腿现象比较严重。

3.部分学校还存在盲目乐观思想，缺乏危机意识，更缺少进取意识。从纵向看，市本科达线人数年年增，达线率逐年提高。然而，我们从横向看，跳出学校看学校，跳出桐城看全市，我们同兄弟县市区比一比，就会发现，我们

还是原地踏步。据了解,枞阳县的高中招生模式与我市基本相同,在2013年高考中,枞阳县达600分以上人数是60人,本市为31人。本市各校与枞阳县各校应届高考达线率相比,我们有很大差距。

(二)2014年高考备考意见。

2014年高考在即,在总结2013年高考的基础上,我们要找出差距,对准目标,实现高考新跨越。为此,我们要努力做到:

1. 正视客观现实,努力再创辉煌。

毋庸讳言,我们在客观上存在许多不如人意的事情,比如优质生源问题,比如招生政策束缚,比如办学经费困难,等等。但是一味沉浸在抱怨中,沉浸在消极思想中,我们的工作怎么可能进步！我们有些学校被困难压倒了,以为只要不出问题,不出乱子,安全第一,就算完成了任务,质量抛掷脑后,甘当维持会长;我们有些学校被荣誉束缚住了,以为学校发展态势良好,只要按部就班,继承传统法宝,高考年年进步,就是对桐城教育的最大贡献,陶醉于成功的喜悦而缺乏争先精神。因此,当前我们第一要务是必须振奋精神,根除任何形式的消极思想,积极向上,追求卓越！引导教师,激励学生,为重振桐城教育新辉煌做出自己最大的努力。

树立信心,坚定信仰:(1)学校领导充满自信,以此影响老师;教师充满自信,以此感染学生。(2)实施目标管理,及时总结成绩与进步,树立自信心。(3)在实践中强化自信,用自信提升能力:相信我们自己的经验与责任;相信我们的学生拥有巨大的潜力;相信学校的正确举措;相信我们备考策略的科学性。

2. 尊重规律,科学备考。

应该说桐城市在高考备考方面已经积累了丰富的经验,我想提醒大家注意这么几个问题:

一方面,要坚持一个理念:科学备考。做到:(1)三个并重:毕业年级与非毕业年级并重;高考学科与非高考学科并重;提高学生文化课成绩与培养学生全面素质并重。(2)三个不准:不搞题海战术,不搞加班加点,不滥编滥发复习资料。(3)四个重视:重视课堂管理,重视过程管理,重视质量管理,重视合力管理。(4)走出五个误区:时间换空间:加班加点;主导代主体:满堂灌、包办代替;数量代质量:题海战术;精力换脑力:取消体育课、社团活动等;经验代思想:老办法备考,方法陈旧。

另一方面,要抓好六个环节。

(1)抓计划。首先学校要科学安排复习计划,做好三轮复习的整体安排。通常一轮复习以教材为线索,以抓基础提高为重点;二轮复习以考点为线索,以抓能力训练为重点;三轮复习以理清应考思路为线索,以查漏补缺为重点。其次要鼓励、指导学生制订个性化的学习计划、复习计划。

(2)抓研究。要研究近几年高考题,更要研究学生,研究每次的模拟考试分析数据。教与学都要研究,才能提高备考的针对性。要加强校际交流,主动融入安庆市级联考,分享备考经验。我们教研室召开学科高考研讨会,力求整合全市资源,希望各学校予以支持。

(3)抓课改。高三备考同样要落实课改的理念,我们要克服复习过程中经常出现的容量小、进度慢,讲得多、学得少、无详略、效果差的毛病,变低质低效为优质高效,就必须在复习课与评讲课中落实新课改的思想。复习方法要多样化,学生辅导要个性化,评讲试卷要体现诊断性,教师解题要体现示范性,应试技巧要重视针对性。

(4)抓命题。备考关键阶段一定要自己命题。要根据复习进度,根据学生实际来精心命制测试题。注意两点:一是平时训练性试卷,依据实际复习进度分布考点;二是检测性的模拟卷要按高考试卷要求规范考点分布。

(5)抓合作。重点抓好培优转差,全面提升高考质量。针对市考生优而不尖的现象,省示范高中要以尖子生与一本线临界生为工作重点,强化盯人意识,力争600分以上人数实现新突破,在全省600分以上人数的比率回归到2.2%,甚至超过。分层推进。不同生源的学校要有不同标高的备考措施;同时各校要针对不同层次的学生,在夯实基础的前提下,因材施教。对高水平学生适当提升训练难度,对普通学生实行必做题和选做题的分档训练。狠抓合成。各校要以培优补差为重心,在突出抓好学科内的成绩基础上,还要重视学科间的总体平衡,排查清楚学科内的薄弱环节,做到拔尖不跛腿。

(6)抓心理:提醒大家注意的是抓心理教育,做好减压工作,不仅是要抓学生方面,还要重视教师的心理压力问题。

3.真正关注全体学生,努力实现人人成才。

党的十八届三中全会对深化教育改革有了重大调整,其核心内容是大力促进教育公平,实现教育均衡发展。推进考试招生制度改革,探索招生和考试相对分离。推行初高中学业水平考试和综合素质评价,逐步推行普通高校基于统一高考和高中学业水平考试成绩的综合评价多元录取机制。全国统考减少科目、不分文理科。安徽省教育厅关于职业院校升学考试改革试点方案(试行)已正式颁布,普通高考改革方案也将在教育部的改革方案出台后颁布。2013年,安庆市已正式被教育部批准为全国中小学教育质量综合评价改革实验区。因此,从现在开始,我们首要任务是认真研究国家教育改革尤其是高考新政策,从转变教育理念和教育教学方法入手,调整工作思路,尽快适应国家教育改革大布局。

今天是全市高中教育工作现场会,有一个重要话题是高考备考。通过召开现场会的方式促进全市高中教育工作更好更快发展。大家都知道管理理论中的木桶效应。教育质量这个木桶,它的最大效益也是取决于最短的那块木板。因此我们在日常学校管理中,眼光就不能狭隘,不能只为了高考一个目的。在任何时候我们都不能忘了教育的责任与任务,不能忘了教育的目的是要培养健康、快乐,具有创造精神与责任担当的现代人。高中教育是创新人才培养的起始环节,它既承担着为高校输送优质生源的义务,又承担着为学生顺利就业打基础的责任,更担负着促进学生个体发展、发掘学生个性、实现学生个人价值的重任。高中教育必须为学生的终身学习、人生幸福、融入社会、担当责任打好基础,为学生的一生发展奠基。因此在教育过程中,我们要把关注高考成绩与关注精神成长结合起来,把思维创新与教育教学质量创优结合起来。衡水中学的王建勇说:“学校能送给学生的,不仅仅是一张大学录取通知书,最重要的,是给他们终生难忘的教育和终身受益的情感和能力。”

教育是需要情怀的,学校教育离不开理念的支撑。陶行知先生当年推行

“小先生”制，倡导“生活即教育“，提出了“在做中学”“教学做合一”等主张，在今天看来仍然值得学习和借鉴。陶行知先生说：千教万教，教人求真；千学万学，学做真人。成才之前要成人。今天从许多名校的经验中我们不难发现，没有活动就没有教育，没有参与就没有终生难忘的教育。真正有成效的教育，真正能够让学生终生难忘的教育，是能够尊重学生身心成长的规律，直抵学生心灵的深处、内化为学生品格和习惯的教育，是学生离校后经历岁月淘洗之后仍能被铭记的教育，是能够影响学生一生、能够让学生受益一生的教育。我们有些学校一抓教育质量，就取消所有活动，甚至体育课也不上。衡水中学提出了这样的育人理念：以终生难忘的教育培养和谐的人。他们在全国率先提出“素质教育更能提高升学率”的口号，该校注重在日常的学习、生活和活动中，培养学生良好的生活习惯和学习习惯，培养学生终身受用的精神气质。当前我们要从“立德树人”的高度审视学校的每一项工作。要高度关注校风、教风、学风建设，高度关注班风建设，高度关注校园文化建设。教育局局长在今年的全市教育工作会议上明确提出高中的任务就是要抓特色发展和教学质量。因此，我们要在提升办学理念、提高教育质量、实现学校特色发展上花气力，做文章。高考备考不能目光短浅，我们要真正关注全体学生，努力实现人人成才。

总而言之，抓高考质量是一项系统工程，我们既要目标高远，又要脚踏实地；既要抓住高考质量不放松，更要牢记立德树人的总要求。要进一步采取有力措施，深入研究学校管理，深入研究备考复习，特别要加强学生的思想教育，充分调动学生学习的积极性和主动性，实现学校整体办学水平的大提升，确保2014年我市高考成绩再上新台阶。

2014年安徽省中考语文考纲解析与命题趋势分析

一、考试的性质与一般情况

安徽省初中毕业学业考试，是义务教育阶段的终结性考试，其目的是全面、准确地考查全省初中学生在语文科学习方面所达到的水平，考试结果既是学生的毕业成绩，也作为高中阶段学校录取新生的主要依据。语文学业考试从知识与能力、过程与方法、情感态度与价值观三个方面综合考查学生的语文学养，包括语言文化积累、识字写字能力、阅读能力、写作能力、口语交际能力、综合实践能力。在考查学生语文知识和能力的同时，注重考查学生的思维能力和创造潜能，注重考查学生的品德修养、文化品位和审美情趣。

1.命题的特点及考情分析。

(1)注重积累，突出基础性。(2)回归本真，体现综合性。

(3)把握特点，尊重认知规律。(4)联系生活，注重考查应用。

(5)结构稳定，体现导向作用。

2.考点研究。

(1)安徽省中考难度系数为6∶3∶1，所以，我们首先要瞄准这个十分之六的部分不放松，该拿到分数做到不失分或少失分。

(2)研究近5年安徽中考语文试卷“常考点”。“常考点”也就是基本考点、传统考点。

3.中考语文试卷考题类型及分数分布情况。

(1)背诵默写题(两小题10分，从2008年开始，就是“6+4”分的形式，从2010年，前6分是8选6回答)。

(2)小语段阅读(9分)。

(3)名著阅读。(4分)

(4)综合性学习。(12分)

(5)现代文阅读。(40分)

(6)文言文阅读。(15分)

(7)作文。(55+5分)

二、2014年安徽省中考考纲(语文)解读(课标引路，吃透考纲，关注变化)

2014年中考语文考纲由以下几个部分组成：编写说明；考试性质；考试内容和要求；例证性试题；考试形式和试卷结构等。

1.“考试内容和要求”部分。

规定：对文学作品的思想感情倾向，能有自己的感受（阅读）；自主策划实践活动主题，设计活动方案，并用书面形式展示活动成果。上述两项不列入2014年考试范围。

2.“优秀古诗文篇目”部分（50篇）。

规定：《记承天寺夜游》《蒹葭》《早春呈水部张十八员外》《观刈麦》不列入2014年考试范围。

3.“课外读物书目”部分。

对课外读物书目（8部）与去年相同：《水浒》《西游记》《安徒生童话》《童年》《朝花夕拾》《骆驼祥子》《鲁滨逊漂流记》《钢铁是怎样炼成的》。

4.关于试卷结构：应该说，同2013年相比，2014年语文试卷结构不会有多大的变化，但“语文积累与综合运用”“阅读”的分值会有微调，写作分值不会变动。

三、2014年中考总复习计划及策略指导

1.精心制定复习计划。

第一轮复习：3月下旬—4月下旬。复习重点是“以本为本，以纲为纲”。本就是课本，纲就是考纲。

第二轮复习：4月下旬—5月下旬。复习重点是“专题训练，注重综合”。专题就是分类训练综合就是模拟测试。

第三轮复习：6月上旬，重点是答疑。解决学生应试疑难问题，调整状态，或举行一次模拟考试。

2.第一轮复习做法参考。

（1）优秀古诗文篇目中的名句背诵与默写。基本做法是逐篇归类整理，把46篇优秀古诗文的名句进行积累，让学生进行背诵并经常默写。如《论语》中的“温故而知新，可以为师矣”，《己亥杂诗》中的“落红不是无情物，化作春泥更护花”。特别注意的是，对绝句要全篇默写，如杜牧的《赤壁》、王安石的《登飞来峰》。对律诗的默写，注意分清颈联和颔联。

（2）优秀古文的阅读与分析。

通过对近三年文言文阅读来看，2010年、2012年是两篇比较阅读，2011

年、2013年是一篇阅读，如《醉翁亭记》（八下）、《岳阳楼记》（八下）、《马说》（八下）、《曹刿论战》（九下）、《邹忌讽齐王纳谏》（九下）、《三峡》（八上）是近三年已考过的，因此应该关注《出师表》（九上）、《鱼我所欲也》（九下）。根据"阅读"15—18项的要求对优秀古文篇目逐篇进行阅读训练。

（3）进一步强化散文（小说）、议论文课内篇目阅读的能力。有意识地挑选几篇典范课文进行评析，根据"阅读"1—14项的要求进行阅读训练。

（4）加强对"语文综合运用"的指导。从课本中挑选几课进行分析和指导。

（5）写作训练：围绕命题、半命题作文加强写作前的分析与指导，重点选用2012年、2013年各地优秀中考作文试题作为学生练习写作的材料，原则上一周训练一篇。

3. 第二轮复习重点将在以下方面提高应试能力。

（1）提高古诗文名句默写的得分率。

通过试题或复习资料中的默写题进行专项训练，默写要求与中考一致，让学生建立得分率统计表。

（2）加强语段综合读写训练。

通过试题或复习资料中的语段读写题进行专项训练，允许学生使用《新华字典》。让学生建立得分率统计表。

（3）进行现代文阅读训练。

通过试题或复习资料中的语段进行阅读指导，尤其是精选散文和议论文两种体裁的语段进行训练。让学生建立得分率统计表。

（4）对规定篇目的几篇文言文逐篇进行阅读。

阅读时做到字词落实，翻译正确、完整。让学生建立得分率统计表。

（5）分几个专题开展"语文综合运用"。

以主题班会的形式，设计几项活动，图文转换、改病句、写邀请函、口语交际等。让学生建立得分率统计表。

（6）关于写作。

建议选几个命题作文进行规范辅导，一是写提纲，二是帮助选材，特别是选出学生有生活体验的素材，写好开头和结尾，特别是议论性、抒情性的结尾。同时，挑选几篇高质量的考场作文发给同学，共同研读与感悟。

4.第三轮复习的几点做法供同行们参考。

(1)对学生进行必要的心理辅导。先对前一阶段复习进行小结，可以告诉学生即将参加的毕业学业考试，不会太难，要相信自己，要有信心。

(2)要求学生把以往的试卷整理一下，重点看看错的题。指导学生应试技巧，特别是看到中考试卷后，如何迅速稳定情绪，先做什么，怎么分配时间等。

四、2014年中考备考策略及命题预测

(一)古诗文背诵默写。

1.范围：课程标准推荐优秀古诗文50篇，其中文言文16篇，古诗词34首。2014年考试纲要规定文言文15篇，古诗词31首。

2.策略：将规定篇目的古诗词名句集中默写一遍，便于背诵。但复习中不能只背默31首古诗，对15篇古文中的名句、重点句子也不能放过，不能只是口熟，要句句默写，一一过关。

3.常见的古诗文默写试题形式：连接式默写；理解性默写；主题式默写。背诵复习不但要强化记忆还要理解记忆，并且能够灵活运用。不但篇篇背诵还要字字落实，尤其是平时默写时经常出错的字，更要时时“温故”。

4.命题预测：预计2014年对名句名篇的考查，题型、分值会保持相对稳定。复习时对于绝句、诗的颔联颈联、较短的词曲要特别注意。

(二)课外读物。

1.范围：2014年考试纲要推荐了8部文学名著作为考试内容：《水浒》《西游记》《安徒生童话》《童年》《朝花夕拾》《骆驼祥子》《鲁滨逊漂流记》《钢铁是怎样炼成的》。

2.内容：按前几年考情，内容涉及作家作品、主要人物、主要情节、典型事件等。

3.形式：填空题型，简答题型。

4.策略：给学生下发八部名著的基本内容及篇目表，在浏览的基础上让学生了解文学常识及主要情节、典型事件。

5. 命题预测：尽管名著的内容很多，但进入2014年考测的还是一些主要的知识点，要以考纲规定的八部名著为准，就其中的主要人物、经典故事进行分类归纳，熟记于心。

（三）语文综合运用。

1. 近年来“语文综合运用”试题特点：生活性、综合性、实践性、探究性。

2.“语文综合运用”试题大致有六种考查形式：

一拟（标题、标语、主题词、广告语、活动方案）；二改（改病句）；三仿（仿写句子）；四看（看图表、写信息）；五举（举例子、名言）；六说（你会怎么说？说明原因理由等）。“语文综合运用”中有可能涉及语病的修改，复习时要让学生知道检查病句的方法，了解常见病句的类型。

3.“语文综合运用”应对策略：生活即语文；关注社会热点，丰富信息；了解实践方法，增强动手能力；认真审题，读透所给材料。

4. 命题预测：2014年“语文综合运用”类试题仍然是主题综合性实践活动为主，设置3小题12分。主题为当前的热点话题：雾霾、节能减排、社区活动、核心价值观等。

（四）关于散文和议论文阅读要想取得好成绩，要做到两点。

1. 拓宽学生阅读面，培养学生浓浓的阅读兴趣。

2. 加强阅读方法指导，给学生一个登山的手杖。

散文类文章阅读三步骤：阅读文章，整体感知；审明题干，明确出处；整体分析，全面作答。

（五）阅读指导策略。

1. 层次结构（考与不考都应关注，它是读文必备的能力）。

一是善于发现带有标志性的词语和句子；二是找出主要人物，弄清人物关系；三是明白事件的过程，弄清起因、经过、结果。然后提炼筛选主要信息。散文的结构形式多样，一般从这几方面分析：作者的思路和行文线索；记叙的顺序和层次；过渡和衔接，伏笔和照应，开头和结尾等。

2. 题目——题目的作用。

题目的象征意义;一语双关;作者感情的出发点;概括文章的主要内容;文章的线索;文眼,揭示文章的中心;吸引读者,新颖;题目所用的修辞,要还原其本义后再分析其作用。

3.概括——概括语段、事件、全文中心。

概括段意:找出中心句;摘要归纳;合并归纳;段末归纳。

4.分析——能抓住关键性语句,分析其在文中的作用。

所谓关键句,就是标志文章层次转换的过渡句,准确、生动、极富表现力,表现人物形象和事物特征,标志文章线索或主旨。

应对技巧:结合上下文,一看内容,二看结构,弄清与人物、与主旨的关系。

5.理解探究——探求人物产生某种性格、心理及行动的原因,或结合语境填写空缺的话。

6.提炼——理解并能分析文中人物(特别是小说)的思想性格及分析人物形象。

7.赏析语言——能欣赏、品味作品中富于表现力的优美、精彩的语言,分析加点词语的表达作用。常用的修辞方法及作用:

比喻:使……形象生动,语言传神,有感染力……

拟人:把……赋予人的情感状态,含蓄地表现了……

反问:强化语气,发人深省……

设问:引起人们思考,引起下文……

排比:强化语言气势,使语言精练有力,强调了……

8.表达方式:记叙、描写、议论、抒情、说明。

9.常用写作手法:象征、对比、欲扬先抑、欲抑先扬、反衬、借景抒情、托物言志、虚实结合、以小见大、渲染烘托、悬念、伏笔照应、直抒胸臆、正侧面描写结合、嗅觉味觉听觉(多感官)结合等。

2015年安徽省中考语文考纲解读

一、2015年安徽省中考语文考纲由六个部分组成

编写说明;考试性质与目标;考试内容和要求;例证性试题;考试形式和试卷结构;附录(优秀诗文篇目和课外读物篇目)。

在"课外读物书目"部分:2015年《考纲》课外读物书目(8部):《格林童话》《伊索寓言》《繁星春水》《朝花夕拾》《西游记》《水浒》《红岩》《童年》。

2011版课标"附录"中"关于课外读物的建议"的微调:

一是在推荐童话中增列了叶圣陶《稻草人》、张天翼《宝葫芦的秘密》两部作品;二是增加了革命传统读物,如《艾青诗选》《革命烈士诗抄》和《红岩》;三是使之更符合小学、初中生的阅读水平,删掉了罗曼·罗兰的《名人传》,换成了夏洛蒂·勃朗特的《简·爱》。

关于例证性试题:2015年"例证性试题"由四个部分组成:语文积累、阅读、写作和语文综合运用。例证性试题切忌发给学生当一般试卷处理,要分析,要比较,要思考,要得出结论性异同点,再传达给学生,引起学生的高度关注。

二、命题规律

(一)试卷结构(见表1)总体相当,细节上有调整。

表1 试卷结构

题型	考查知识点及形式	
	2013年	2014年
语文积累与综合运用	1. 古诗文名句默写 2. 字音 3. 字形 4. 字义 5. 句子仿写 6. 名著阅读 7. 图文转换 8. 口语交际 9. 句子排序 10. 病句修改	1. 古诗文名句默写 2. 字音 3. 字形 4. 字义 5. 选词填空 6. 改写句子 7. 病句修改 8. 名著阅读 9. 标注节奏 10. 仿写(补写)句子 11. 句子理解 12. 口语交际
阅读	填空、简答、填表	填空、简答、选择
写作	半命题作文	命题作文
卷面书写	分值:5分	分值:5分

（二）践行课标理念，考查语文素养（见表2）。

表2　活动主题与考查项目

	2013年	2014年
活动主题	"文明出行"为主题的综合实践活动	"诗歌朗诵"综合实践活动
考查项目	图文转换整合信息	划分朗读节奏
	口语交际	补写（仿写）句子
	修改短文	句子（诗句）理解\口语交际
	12分	12分

（三）名著考查注重常识了解，符合阅读实际（见表3）。

表3　考查篇目、分值与考查内容

	2013年	2014年
考查篇目	《骆驼祥子》《安徒生童话》	《朝花夕拾》《钢铁是怎样炼成的》
分值	4分	4分
考查内容	1.了解人物	1.了解人物
	2.熟知情节	2.名著常识

（四）命题材料的选择更具文化内涵和时代气息（见表4）。

表4　现代文阅读与文言文阅读

	2013年	2014年	2015年
现代文阅读	西塘古镇	红书包	拟态——神奇的自然礼物
	17分、5小题	22分、5小题	18分、5小题
	说明文	记叙文（叙事）	说明文
	远去的乡村	学者的态度和精神	槐花
	23分、5小题	18分、4小题	22分、5小题
	记叙文（散文•抒情）	议论文	记叙文（散文•抒情）
文言文阅读	三峡	爱莲说	生于忧患，死于安乐
	15分、4小题	15分、4小题	15分、4小题
	文言文规定篇目	文言文规定篇目	文言文规定篇目

（五）写作命题形式基本保持"命题""半命题"轮流进行（见表5）。

表5　作文

2013年	2014年
那段___的日子	说说我自己
55分	55分
半命题(选题)作文	命题作文

三、几点启示

1.从中考语文试题中,我们到底看到什么?

试题——考点(特殊——一般)

考点——思路(表层——里层)

思路——能力(形式——本质)

能力——路径(目标——过程)

2.从2013年和2014年语文试题中,我们能看出导向是什么?

导向一:从知识积累向思维过程转变。

导向二:从教考脱离到教考融合转变。

导向三:从价值单向到思维多元转变。

古诗文默写规律:时间先后,诗文并重,上下句兼顾,整首单句兼顾,生僻字与常见字同在。

近些年中考语文考两次及以上的有《饮酒》(三次)、《次北固山下》(两次)、《望岳》(两次)、《赤壁》(两次)、《相见欢》(两次)、《天净沙·秋思》(两次)、《破阵子》(三次),《钱塘湖春行》(两次)。注意:考过的可能还考!

到2014年前,近五年中考语文一直未考的诗歌有7首。2014年7首诗中一下考了3首,剩下的只有《闻王昌龄左迁龙标遥有此寄》、《白雪歌》(2015年不考)、《酬乐天》、《泊秦淮》。

近五年没考到的有《送杜少府之任蜀州》、《行路难》(2015年不考)、《无题》(相见时难别亦难)。

四、古诗文默写

默写预测,引导学生背诵课标要求背诵的39篇。

预测:上下句、整首、半幅。

名著考查注重常识了解(见表6),符合阅读实际(关注三个考点)。

表6 名著考查

	2013年	2014年
篇目	《西游记》《格列佛游记》	《骆驼祥子》《安徒生童话》
分值	4分	4分
考点	1.了解人物	1.了解人物
	2.熟知情节	2.熟知情节

古诗文默写教学建议:

依据新课标,让孩子把必读篇目读通读透,切勿做急功近利的事情。

1.近年来"语文综合运用"试题特点:生活性、综合性、实践性、探究性。

2."语文综合运用"试题大致有六种考查形式:一拟(标题、标语、主题词、广告语、活动方案);二改(改病句);三仿(仿写句子);四看(看图表、写信息);五举(举例子、名言);六说(你会怎么说?说明原因理由等)。

"语文综合运用"中有可能涉及语病的修改,复习时要让学生知道检查病句的方法,了解常见病句的类型。

3."语文综合运用"应对策略:生活即语文;关注社会热点,丰富信息;了解实践方法,增强动手能力;认真审题,读透所给材料。

4.命题预测:

2015年"语文综合运用"类试题仍然是主题综合性实践活动为主,设置3到4小题12分。主题为当前的热点话题,如雾霾、节能减排、社区活动、核心价值观等。

五、现代文阅读

考查的核心是阅读素养,如理解能力、思维能力、表达能力、鉴赏能力、审美能力。

对于阅读部分,安徽省中考题目围绕《语文课程标准》强调的"词句理解、文意把握、要点概括、内容探究、作品感受"等方面,考查学生对阅读材料的整体感受和综合理解能力及获取信息能力。阅读材料延续了以往的文体规律(见表7),散文阅读从概括文章内容、准确用词、理解文意、赏析语句及深入领会文章主旨几个角度命题。说明文阅读考查了文章结构、说明对象及特点、说明方法、语言表达、文章内容理解等阅读能力，只要学生能细心阅读文本，不难找到答案。文言文阅读仍是采用单篇阅读的形式考课内的重点篇目。

表7　2009—2014年安徽中考阅读部分文体分布

年份	记叙文(散文、小说)		说明文		议论文		文言文	
	题量	分值	题量	分值	题量	分值	题量	分值
2014年	5	22	——	——	4	18	4	15
2013年	5	23	5	17	——	——	4	15
2012年	4	22	——	——	5	18	4	15
2011年	6	25	4	15	——	——	4	15
2010年	5	23	——	——	5	17	4	15
2009年	5	22	5	18	——	——	4	15

(一)记叙文阅读指导策略。

1.层次结构(考与不考都应关注,它是读文必备的能力)。

应对技巧:一是善于发现带有标志性的词语和句子;二是找出主要人物,弄清人物关系;三是明白事件的过程,弄清起因、经过、结果。然后提炼筛选主要信息。

记叙文的结构形式多样,一般从这几方面分析:

(1)作者的思路和行文线索;

(2)记叙的顺序和层次;

(3)过渡和衔接,伏笔和照应,开头和结尾等。

例题:(2014年安徽中考题)7. 依据文章思路和内容,在下面横线上填写合适的语句。(6分)

我羡慕别人的红书包→我找到卖红书包的文具店→我急切地想买到红书包→我得到了心爱的红书包→我珍藏用旧的红书包。

2.题目的作用。

应对技巧:

(1)题目的象征意义。

(2)一语双关。

(3)作者感情的出发点。

(4)概括文章的主要内容。

(5)文章的线索。

(6)文眼。揭示文章的中心。

(7)吸引读者,新颖。

(8)题目所用的修辞,要还原其本义后在分析其作用。

3.题目的含义

应对技巧:

(1)表层含义:内容。

(2)深层含义:中心。

例题:(2012年安徽中考)13. 题目是“红橘甜了”,请结合小说内容,具体说说文中表现了哪些方面的“甜”。(6分)

①红橘树在父亲精心管理下结出的果实很甜。

②父亲为培养儿子成材而感到欣慰、满足。

③父亲从儿子买红橘苗、卖橘子等做法中体会到儿子的孝心。

④儿子从父亲种橘、送橘等行为中感受到父亲的信任、关爱。

⑤全家人互相关心体贴,充满温馨和爱意。

4.概语段、事件、全文中心。

应对技巧:

(1)找出中心句。

(2)摘要归纳。

(3)合并归纳。

(4)段末归纳。

(5个“w”概括方式:什么人“who”,什么时间“when”,什么地点“where”,做了什么事“what”结果怎么样“what”。)

例题:(2014年安徽中考题)5.为什么“我”会产生一定要有红书包的念头?(3分)

答:①红书包很美。②有了红书包,我就很快乐。③大家都认为红书包很漂亮。④ 别人有的我也要有。(答出三点即可)

5.分析,就是要能抓住关键性语句,分析其在文中的作用。

所谓关键句,就是标志文章层次转换的过渡句;准确、生动、极富表现力的句子,对理解文意起关键性的语句,表现人物形象和事物特征的重要语句,标志文章线索或主旨的语句。

应对技巧:结合上下文,一看内容,二看结构,弄清与人物、与主旨的关系。

例题:(2012年安徽中考题)7.第二段在内容上强调什么?结构上有什么作用?(3分)

答:内容上,强调小时候对“成长”的认识是错误的。结构上,承上启下,起过渡作用。

6.理解探究:探求人物产生某种性格、心理及行动的原因,或结合语境填写空缺的话。

应对技巧:锁定相关段落,找出相关语句,找出或者概括出答案。

例题:(2012年安徽中考题)12. 阅读下面句子,回答问题。(6分)

(1)(父亲)望着树上的橘子发呆,看到我们,父亲一愣,随即便孩子般叫着母亲的名字。

这里的描写表现了父亲哪些内心活动?

(2)“这屋里,烟太大了……”

父亲和儿子为什么都说这句话? 说这句话时,各自的内心状态是怎样的?

答:(1)愁闷,期盼;惊讶;欣喜。(2)都是为了掩饰落泪的原因。父亲见到儿子时激动、惊喜,儿子听了父亲话后深受感动。

7.赏析语言——能欣赏、品味作品中富于表现力的优美、精彩的语言,分析加点词语的表达作用。一般两个角度:一是修辞,二是描写。常用的修辞方法及作用:比喻:使……形象生动,语言传神,有感染力;拟人:把……赋予人的情感状态,含蓄地表现了……反问:强化语气,发人深省;设问:引起人们思考,引起下文;排比:强化语言气势,使语言精练有力,强调了……

例题:(2013年安徽中考)12.从修辞的角度赏析第⑤段中画线的句子。(5分)

答:运用了拟人(比拟)、排比的修辞手法。把葱拟人化,赋予人的思想行为,更生动、优美,充满了诗意。排比句式的运用,表现了菜地里葱的整齐优美,把作者对乡村美景的喜爱之情淋漓尽致地抒发出来。

8.表达方式:记叙、描写、议论、抒情、说明。

例题:(2012年安徽中考题)11.文中,父子二人各说了一次假话。请结合具体内容,说说他们的目的分别是什么。(4分)

(1)父亲:我早吃过了,一天好几个呢!

(2)儿子:今天碰到几个外地人,将果子抢购一空,价格比往年高出近一角钱呢!

答:(1)为了将第一批成熟的橘子全部留给儿子一家三口吃。

(2)为了宽慰父亲,让他高兴。(各占2分。意思对即可)

8.常用写作手法:象征、对比、欲扬先抑、欲抑先扬、反衬、借景抒情、托物言志、虚实结合、以小见大、渲染烘托、悬念、伏笔照应、直抒胸臆、正侧面描写结合、嗅觉味觉听觉(多感官)结合等。

例题(2014年安徽中考题)8.文中画线句是作者修改后的,将它与修改前的句子作比较,从情节发展角度具体分析修改后的好处。(4分)

修改前:晚上,妈妈推着自行车,一手高高举着红书包回来了。

修改后:晚上,爸爸推着自行车,一手高高举着红书包回来了。

答:把“妈妈”改为“爸爸”使情节合理顺畅。“爸爸推着自行车”这一情节承接上文爸爸答应女儿去买红书包的情节,兑现了给女儿的承诺,也与下文妈妈给爸爸擦松节油的情节吻合。

9.体验感悟:对文章的内容(包括主旨)有自己的情感体验,谈自己的感受或启示。

应对技巧:回答开放题,首先要把握好中心,围绕文章中心,多角度思考,然后将其深化或升华,或结合自己的思想观点发表积极正确的观点,有独特或创新的见解，或就文章的某一方面内容及形式，作或正或反或辩证地评析。

例题：(2014年安徽中考题)9.从全文看，篇末的“启示录”包含了哪些内容？(答出三点即可)(6分)

答：①要关注和热爱生活中的美，但不要攀比。②不因急于获得而急躁。③不能只考虑自己，还要关心别人。④能体会到美又懂得美。⑤要体悟父母之爱。⑥人是在经历和感悟中成长的。(答出三点即可)

(二)议论文阅读指导策略。

第一步：通读材料，明确中心论点及大致结构。

第二步：读题，审明题干，确定信息点出自哪段。

第三步：准确摘取，综合分析，全面回答。

1.论点：准确摘取或概括中心论点(即把握作者的观点)。

中心论点的特征：

(1)在形式上是一个完整的句子，是作者看法的完整陈述。

(2)是明确的判断。

(3)不运用修辞和疑问词。

例题：(2012年安徽中考题)5.针对“成长”，本文提出了什么观点？请用一句话概括。(3分)

答：成长是一件最漫长、最丰饶、最深情的事情。

指导策略。

2.结构：划分议论文的结构、层次。

议论文结构层次为：

提出问题(引论)：解决“是什么”的问题。

分析问题(本论)：解决“为什么”的问题。

解决问题(结论)：解决“怎么样、怎么办”的问题。

议论文结构一般有：总分式、层进式、并列式、对照式等。

例题：(2014年安徽中考题)10.下列对文章结构层次的划分，正确的一项是(B)。(4分)

A.①②③／④⑤／⑥B.①／②③④⑤／⑥C.①／②③／④⑤⑥D.①②／

③④⑤/⑥

注意:考查论证思路。首先……然后……最后……

3.论证方法:辨析论证方法,理解其作用。

论证方法有:举例论证、道理论证、对比论证、比喻论证(记住这四种即可)。

4.分析:关键词语、关键句子的含义及作用。

一要联系文章内容,尤其是要联系中心论点;二要结合具体语境,根据上下文来揣摩其含义。它的作用是阐述或论证论点,使论证更加严密。

例题:(2014年安徽中考题)12.第⑤段谈欧洲中古学者的精神时,提到“中国学者”有什么作用? 请加以分析。(6分)

答:提到“中国学者”是和欧洲中古学者进行对比,突出欧洲中古学者“宁愿牺牲生命,不愿牺牲真理”的精神,暗示了中国学者缺失这种牺牲精神。

5.指代:“这些方面”“这种情况”“同样道理”等在文中具体指代什么。一般也在前文中就近找原文,有时可能不是全句,要准确找出其指代范围。

例题:(2012年安徽中考题)9.联系第五段内容看,画线句中“额外奖赏”指什么?(4分)

答:让知晓学习的人永远在成长,永远保持年轻的心态。(各占2分。意思对即可)

6.拓展:补写能证明文中论点的事实论据或道理论据;谈自己的观点看法等。

补充事实论据:要求事实真实、典型、新颖、充分,不要描述,概括事例(谁+事+结果),紧扣论点,否则观点和事实不统一,失去强大的说服力。补充理论论据:名言警句、诗文格言等,不断章取义,不张冠李戴,有一定的权威性。

现代文阅读要处理好三点答题硬伤:

1.脱离文本造成的答题硬伤。原因:整体感知不到位造成。

2.概念不清、表达混乱造成的答题硬伤。对策:文本细读。它是语文教学的密码,也是中考答题的密码。

3.忽视审题造成的答题硬伤。

方法:显性信息(关键词)+隐形信息(挖掘)

(三)2007年至2014年中考文言文阅读题选文:

2007年:《小石潭记》《与朱元思书》比较。

2008年:《送东阳马生序》。

2009年:《鱼我所欲也》《过零丁洋》比较。

2010年:《醉翁亭记》《岳阳楼记》比较。

2011年:《马说》。

2012年:《曹刿论战》《邹忌讽齐王纳谏》比较。

2013年:《三峡》。

2014年:《爱莲说》。

1.文言文教学建议:

(1)要高度关注课文下面注释的重点词语及句子。

(2)解释词语要注意语境,做到"不蔓不枝",不画蛇添足,力求准确恰当。

(3)解释词语、翻译句子都要力避错别字。

(4)翻译句子一定要关注关键词,做到不错译、漏译关键词语。

(5)翻译句子要注意语句通顺,不能有语病。

2.文言文复习教学建议:

(1)落实文本,回归课文。

(2)要从学生出发,让学生真正理解文本中作者的思想感情。

(3)应试能力的训练。体现在:考试要审题,答题要规范,字迹要清楚准确。

3.做到四点关注:关注单字文言词义(落实字字翻译);关注重点短句翻译(落实句句翻译);关注文言文内容理解(选取原文词语、句子填空或者回答);关注文言文表达中心和思想情感、写作手法。

六、近几年中考作文题(见表8)

表8　2007—2014年中考作文题型及特点

年份	题目	命题类型	题型特点	补题形式
2007年	我们的心近了	命题作文	裸题式:标题+要求	
2008年	我在____中得到快乐	半命题作文	裸题式:标题+要求	补中型
2009年	师生之间	命题作文	裸题式:标题+要求	
2010年	不会变的是____	半命题作文	导语式:提示语+标题+要求	补后型
2011年	在我们这个年龄	命题作文	导语式:提示语+标题+要求	
2012年	____在其中	半命题作文	裸题式:标题+要求	补前型
2013年	那段____的日子	半命题作文	裸题式:标题+选词(从“温暖、孤单、自由、烦心”中任选一词)+要求	补中型
2014年	说说我自己	命题作文	裸题式:标题+要求	

(一)三大特点:

淡化审题难度,凸显立意深度。

强化本我核心,体悟多彩青春。

强化文体意识,规范创新表达。

(二)写作的基本程序:

命题—立意—选材—布局—表达—修改

1.命题作文的写作思路。

(1)审题:明确主旨,确定题材。

(2)立意:确定文章的主题“新”“真”“深”。

(3)选材:围绕中心,体现“新”“真”“小”。

(4)构思:安排文章的结构层次。

(5)表达:用简明、连贯、得体的语言表达。

(6)修改:在默读中修改。

(三)半命题作文的写作思路。

(1)补全题目:审好题。

(2)选择材料:自己感受最深的,写起来也最有把握的内容。

(3)构思:安排文章的结构层次。

(4)表达:用简明、连贯、得体的语言表达。

(5)修改:在默读中修改。

(四)日常作文教学应该怎么办?

1. 多写练“硬”功。

写作是“手艺活”,熟了才能生巧。唯有多写、乐写,才能练出硬功夫。课标要求“作文每学年一般不少于12次,其他练笔不少于1万字”,有人觉得陈义过高,难以达到。其实,化整为零,一年写三四万字也不是难事。

有一位教师在所教班级内推行的微博式随笔,就是化整为零,强调“每天写一点”。微博式,即取微博的形式;随笔,即取“随手笔录”的意思。起初只要求写几十字,逐步过渡到写百十字。学生不需要拿出专门时间写,完全可以在课余饭后,感触来了兴致到了,“刷刷刷”,寥寥几分钟就写好了,一点不增加课业负担。实验了两年,效果明显,逐步形成了乐写、善写的良性生态系统,有不少学生还在报刊上发表了习作。

2. 写生练“真”功。

写作应该循序渐进,先求实,再务虚。先引导学生“多角度观察生活,发现生活的丰富多彩”,养成朴实、真诚的写作态度后,再引导他们在真实生活和真实情感里融入自己的想象和虚构,发展有创意的表达。

我们借鉴绘画的写生方法,比较容易练出真功。写人、事、景、物,都首重身边的、眼前的,不允许如“多年前,去黄山旅游,发生的那件事让我难忘”般地瞎编。切近的人、事、景、物,就如画室讲台上的苹果、陶罐、石膏像,同学也历历在目,你如何勾勒线条、刻画光影,你的疏漏之处、得意之笔,同学也心知肚明。写生法,偷不得懒,逼着学生埋着头、弓着腰、憋着劲向前走。写习惯了,学生渐渐就更关注现实,热爱生活了。

3. 临摹学“巧”功。

如果从章法角度分类,学生作文似可分为巧作文和笨作文。从近几年各地发布的考场作文看,最后能进入一类卷的,多是巧作文,布局谋篇上有很多精巧的心思。要写出巧作文，不是看市面上那些乌七八糟的“高分解密”“作文秘笈”之类的教辅书，而是如习字一样，认真临帖。教材里好多课文就是临摹的法帖，教师在日常教学中，最好能结合近期学生写作的实际情形和具体案例，随文点拨写作运思的基本方法，启发他们某一篇如果这里铺垫一上，后文会更自然饱满，那里设计对比式结构，主题会更加突出。如果这种随文点拨，又有着一种逐步提升的内在序列，学生作文就会慢慢学到巧劲，更乐意动心思，发展有创意的表达，就不至于练习了多少年，写事还是平铺直叙，写景还是春夏秋冬，写人还是“有一次……还有一次……”

（五）作文教学温馨提示。

1.要求学生多积累，学习他人的长处。也引导学生自觉主动多读书看报，看电视新闻，开拓自己视野，了解时代信息，把握时代脉搏，多翻阅近几年中考的优秀作文，学习别人的语言风格、章法技巧，为写作积累素材，补充新鲜血液。

2.有计划进行片段训练，如至少运用一种修辞描写人物的外貌，在描写环境中使用诗句，或就某事写一段评价，100字左右即可。

3.引导学生关注生活中的小事，写出最有诚意、最真心的作文。让文章体现出你真挚的感情，丰厚的文学积淀，做到文质兼美，富有生活气息。

4.提倡面批，将学生的几篇作文进行比较批改，肯定优点，发现学生细微的进步，予以及时表扬与充分鼓励，以增强其自信心。同时也要有分寸地指出其不足，一点即可，提醒学生下篇作文注意。

5.改卷中发现学生点题、扣题意识差，偏偏少了画龙点睛升华主题的那一笔，要提醒学生注意。

6.写作能力弱的学生要训练他用小标题写作，这样会避免他不会过渡、废话连篇等问题。

7.在卷面上做文章，告诉学生干净、整洁的卷面作文分相对会高。可以让书写差的学生批改20篇左右的作文，然后比较字迹不同的得分情况。

8.警惕白卷作文的出现，对成绩差的学生要想方设法让他拥有积极向上的心态，教师要忽略他其他科目的成绩，在语文上给予更多鼓励。

作文教学，我们要重视训练的序列性，舍得在作文过程上花时间，重视学生构思、立意、列提纲以及作文的反复修改。要注重每一个学生作文质的变化，而不只是一篇篇作文量的增加。

模仿式的作文教学对于学会一般的文字表达，也不无好处。以“仿写”作为一种初级写作教学的办法，通过系统上课和反复练习，让学生熟悉和练习写作的基本技能，会有所收获。但“仿写”不是目的，满足于“仿写”，会沦为应试的“套路”和技巧。

有些太功利的事情是不能去做的，比如押作文题。

如果说有作文教学的正路，那就是三句话：读写结合，广泛阅读，适当练写。

可以把写作训练分散到阅读课中，真正做到读写结合。

提高作文分值的“六个一”：一个含蓄、深刻的题目。一个精彩的开头。一个疏密有致的段落布局。一个优美的片段描写。一个完美的结尾。一个清爽的文面。

（六）精心安排复习计划。

第一轮复习：3月下旬至4月下旬。复习重点是“以本为本，以纲为纲”。本就是课本，纲就是考纲。

第二轮复习：4月下旬至5月下旬。复习重点是“专题训练，注重综合”。专题就是分类训练，综合就是模拟测试，作文训练要有范围。

第三轮复习：6月上旬，重点是答疑。解决学生应试疑难问题，调整状态，或举行一次模拟考试。

通力合作，资源共享。这点对毕业班的老师尤为重要。中考就像拔河，需要大家的团结协作。复习资料要逐一吃透，强化训练。在复习中分工要非常明确。如在第一轮复习中，我们强化的是背诵和文言字词的积累，每一册我们都需要由一位老师出相应的试卷来验收复习的效果。加强同科教师之间的经验交流与资料共享，发扬团队精神，才能使复习得以顺利并圆满完成。

复习有的放矢,中考创造辉煌

一、安徽中考语文题型模式

(一)语文基础知识与应用(35分)。

1.诗词文默写。(10分)2.小语段阅读。(9分)3.名著。(4分)4.综合性学习。(12分)

(二)阅读。(55分)

1.记叙文。(散文和小说)2.说明文。3.议论文。4.文言文。

(三)作文(55分)

1.记叙文。2.散文。3.议论文。

二、研读考纲明确目标

(一)五个能力层。(二)语文积累。(三)阅读。(四)写作。(五)语文综合运用。

三、浅析2015年安徽中考语文试题

(一)稳中有变:稳主要体现在三个方面:

1.形式稳:卷面19个题目仍然沿用近几年的三大板块——语文积累与综合运用、阅读、写作。

2.内容稳:语文学习的主要内容就是字词句和阅读写作,这些在试卷中也是稳定呈现。作文以“难忘那____的眼神”为题,写一篇文章。要求从“期盼”“慈爱”“坚毅”“失望”四个词语中选择一个。这样的半命题作文在2013年已经考过。2013年的作文是:以“那段的日子”为题,写一篇文章,请你从“温暖”“自由”“孤单”“烦心”四个词语中选择一个。

3.分值稳:三大板块分值依然分别为35分、55分和55分,另外5分的卷面分也与往年一样。

变化主要体现在以下几个方面:

1.词语解释。(第2题第3小题)

“宣泄”在《现代汉语词典》中有下面三个义项。请根据诗歌语境,选择恰当的一项(C)(2分)

A.使积水流出去　B.舒散　C.泄露

2.图文转换题。(第4题,根据示意图写一段话,告诉同学们怎样从学校前往目的地)

3.语言赏析。(散文《槐花》第13题从描写方法的角度)

4.诗歌赏析。(第2题原是小语段阅读)

(二)考查较为全面。

1.知识点全面。

包括字音、字形、词义、修辞、病句、名著等基础知识和综合性学习,以及阅读和写作,较为全面地囊括语文学习的知识点。

2.文体较为全面。

现代文阅读有说明文和散文,文言文阅读是议论性的,作文更适合写记叙文。这样文体考查就较为全面。

(三)难易适中。

考题紧扣考纲,没有偏难怪异的题目,都是一些常规题型、常见问题、常用知识。如:

1.诗词默写:多是诗词文名句。例如:“大漠孤烟直,长河落日圆。”“沉舟侧畔千帆过,病树前头万木春。”“剪不断,理还乱,是离愁,别是一般滋味在心头。”

2.字音:加点字注音。

3.名著:考查作者、国别、主要人物,文章的出处,也比较容易。

4.阅读也是常见题型:说明文考题有被说明的事物的特点、说明方法及作用、说明顺序、内容概括;散文考题有概括事件、代词指代的内容、语言赏析、文章内容的理解与把握;文言文考题有词语解释、句子翻译、文章内容的理解和找论点,强调基础知识,考查的还是基本功。

5.作文:“难忘那____的眼神”(从“慈爱”“期盼”“坚毅”“失望”中选一个填在横线上,然后写作)。只要描写出具体的眼神并写清楚难忘的原因就可以了,也是同学熟悉的题目,没有设置审题障碍。

总之,2015年语文试卷无论是基础知识、还是阅读和写作主要考查的仍是学生的综合语文素养，如果平时注意积累，有一定的阅读和写作能力，做语文试卷应该还是比较得心应手的。

四、复习教学建议

我们建议：临近中考，教师让学生充满信心，在使学生清晰认识语文考试几大板块的基础上，针对不同板块的特点采取针对性的复习对策，抓实双基，归纳总结，只有这样才能使学生成竹在胸，稳中取胜。下面我们对每一轮复习的注意事项逐项分析：

（一）抓实双基。

近年来安徽省中考语文的考试形式和考试结构基本没有变化，难度适中，易、中、难的比例约为7∶2∶1，由此看来，题目多以双基为主，所以我们在复习时要抓实基础。

1.诗词文默写。

（1）基本汉字写错。

汉字书写或多一笔，或少一笔，或写错偏旁，或写错结构，不一而足。常犯的错误有：落英缤纷（落字写成左右结构，英字中间横没出头，缤字右边宝盖头少写一点）；大漠孤烟直（漠字写成上下结构，孤字中间少一点，直字里面少一横）；沉舟侧畔千帆过（过字走字底少写一点）；夜泊秦淮近酒家（近字走字底少写一点，酒字里面少写一横）；别是一般滋味在心头（滋字三点水旁写成口字旁）；将军白发征夫泪（白字里面多一横，夫字写成天字）。

（2）字音相同或相近的字混淆写成了别字。

夜泊秦淮近酒家（近字写成进，淮字写成怀）；会当凌绝顶（凌字写成临，绝字写成决）；沉舟侧畔千帆过（帆字写成番、翻）；将军白发征夫泪（军字写成军，泪字写成累）。

（3）记忆不准确写错。

落英缤纷（考生写成渔人甚异之）；沉舟侧畔千帆过（写成沉船侧畔千帆过）；夜泊秦淮近酒家（写成月泊秦泊近酒家）；别是一般滋味在心头（写成别是一番滋味在心头）；庭下如积水空明（写成院下如积水空明）。

(4)漏字。

别是一般滋味在心头(少“是”);庭下如积水空明(少“如”)。

(5)写错题号。

答题卷的序号和试题卷的序号是一一对应关系,如果对错了,不给分。

(6)不按要求答题。

题目要求“8选6”,可是有的考生偏偏“8选8”,这种情况往往看前六题判分,如果前六题出错,很吃亏。

2.诗词文复习策略:

(1)理解词义或诗句的内涵,通过理解帮助记忆,比如《春望》和《望岳》。

不能只是口熟,要句句默写,字字落实,一一过关。

背诵时要背题目和作者(针对整首默写和文言文比较阅读)。练习时有的还需要再三强调。

(2)熟练使用《新华字典》。

查字典不仅有助于第2题的小语段阅读,在文言文词语解释或写作中也是较好的帮手。从现在开始,《新华字典》要求:新版字典常备在手,随时翻查,熟练使用。不要经验主义,要全部查字典,比如亲昵、下载、拘泥、拾级而上、量体裁衣、文身等。字音要注意多音字和多音词。

字形注意同音字(深邃隧道)、同音词(抱负和报复,精彩和无精打采)。

词义要注意基本义和语境义。

选词填空时可以使用;文言文词语解释不会时可以使用;阅读中,加点词的表达效果可以使用;写作时可以使用(三个字扣1分,其中不规范字也属于错别字)。

3.文言文阅读《考试纲要》:

(1)知道浅易文言文中常见实词、虚词的意思。(2)正确翻译一些重要句子。(3)解说基本内容。(4)领悟内涵,获得有益启示。

4.句式变换、应用文、病句、仿写、对联、修辞、标点等注意事项。

(1)句式变换要符合要求。(2)应用文要格式正确。(3)修改病句要保持原意(类似看病)。(4)仿写要内容、情感、句式三一致,还要格调高雅(钱能买来药,但买不来健康)。(5)传统文化方面的内容。

5.名著。

例题:(2013年中考):

运用你课外阅读积累的知识,完成(1)和(2)题。(1)下面一段文字节选自《骆驼祥子》,读一读,指出A、B两处的人物是谁。

A心里有数儿。他晓得祥子是把好手,即使不拉他的车,他也还愿意祥子在厂子里。有祥子在这儿,先不提别的,院子与门口永远扫得干干净净。B更喜欢这个傻大个儿,她说什么,祥子老用心听着,不和她争辩;别的车夫,因为受尽苦楚,说话总是横着来;她一点不怕他们,可是也不愿多搭理他们;她的话,所以,都留给祥子听。

解析:A(刘四爷),B(虎妞)。

(二)指导阅读。

1.课本复习阅读。

很多教师认为中考不考书上的现代文,而看过的文章学生也没有兴趣再读,便不愿意再复习学过的现代文。这真是捡了芝麻丢了西瓜。从前学过的现代文,当时学生理解的未必那么深入,对文章的表现技巧也可能一知半解或者是机械性记忆。当我们回过头来复习时,能使学生对文章内容有更深入的理解,同时对于写作方法的领悟,会对学生的写作产生重大影响,有的学生甚至如醍醐灌顶般顿悟。因为时间有限,我们可以选择重点篇目以及学生喜爱的篇目反刍。

2.课外阅读:扩大视野,提升学生的文学素养。

(三)总结方法。

不仅要总结知识点,还要总结考题考点,总结答题技巧,在总结中找出规律。每类文体阅读的考点与答题技巧我们都必须掌握,尤其是成绩较弱的同学,这样就不会对阅读望而生畏,对各种类型题目都能胸有成竹,迎刃而解。

例题:(2015年中考):

文中划线句运用了什么说明方法?有什么好处?(答出一种即可)(3分)

答案:举例子和作比较。举例子应是"具体准确说明了……"作比较应是

"突出强调了……"

第一问：绝大部分学生都能答出举例子，但能答出作比较的学生不到三分之一。答出摹状貌、做诠释、打比方的学生也不少，甚至部分学生犯了概念不清的错误，答出了对比、举例论证等答案。

第二问：谈作用，失分点主要是说明方法的作用混淆了。

例题：(2015年中考)：

第五段对拟态原因和机制分析的顺序不能颠倒，为什么？

此题失分较多，考点是考查学生对说明顺序的掌握，多数学生审题不严，考察点不清楚，答题偏，对说明顺序掌握不牢，失分严重，文体不清。在说明文里用"铺垫、插叙、描写"等记叙文中的答题术语。

1.叙事类阅读。

(1)标题的意义或作用。(2)梳理文章的情节思路或分析其情节安排的好处。(3)理解文章，概括主要内容或文章中心。(4)开头和结尾的作用。(5)线索及其作用。(6)人物形象分析(包括揣摩人物心理)。(7)赏析语言或解释词语在句中的意思(包括修辞)。(8)文中句子的作用(故事、神话、名言、诗歌等在文中的作用可以并入上面的内容)。(9)环境描写的作用。(10)表达方式和表现手法(写作技巧)。

2.说明类阅读。

(1)常见考点：对说明对象及说明特征理解；对说明方法辨识与理解；对说明顺序的分析与理解；对文章段落结构特点的分析；对文意、层意、段意的概括；对关键重点词句的含义及表达作用的评析；对说明语言准确性的体会。(2)说明文的知识及答题技巧。

3.议论类阅读。

(1)考点梳理：论点、论据、论证、论证结构、关键性语句、语言。

主观开放性题，谈感受、认识。总之，都是围绕议论文的三要素来考察的。

(2)注意事项：

论证方法：举例论证要区别于举例子；对比论证要区别于作比较；比喻论

证要区别于比喻和打比方。有三个作用:生动形象,抽象的事物具体化,深奥的道理浅显化。

必要的积蓄过程是另一种意义的成长。把深奥的道理说得浅显明白,更容易被读者理解和接受。

论点和论题:论点应该是作者看法的完整陈述,是明确的判断(包括肯定和否定)。在形式上应该是完整的陈述句;在内容上具有判断性,能够明确地表示作者对所论述问题的观点、态度(包括肯定和否定)。论点与论题的关系:论题只揭示议论的范围,论点是作者的见解和主张。《谈骨气》题目是论题,论点是:我们中国人是有骨气的。

4.抒情感悟类阅读。

散文阅读相对于说明文和议论文,难度稍大。散文阅读试题突出考查学生把握文意、筛选重要信息、理解语句含义、概括要点、分析修辞方法及作用和鉴赏语言文字等阅读能力,考查较为全面,让学生在阅读中扩充知识积累,培养审美意识、审美情趣和审美能力。

答前有“物”:整体把握,逐段概括,理清思路。

答时有“术”:熟记题型,掌握答题技巧。

答后有“效”:注重审题,分条答题,规范书写。

(四)写作:

以“难忘那_____的眼神”为题,写一篇文章(2015年中考)。

阅卷情况总结:2015年中考作文均分约为43.8分(含书写5分),按100分折算的话,约为73分。整体而言,考生都较好地把握住了文体特征,以记叙为主,写成记叙文,文章基本达到字数的要求,未达字数的考生很少,残篇作文很少;大多考生都能从题目要求出发,选词补充完整题目,然后写作,只有少数考生未选给定的词语,这类试卷得分很低,打在四类卷,加上书写,也就在30分左右。具体分析如下:

1.作文出现的问题:审题(不准);选材(不新);组材(无序)。

(1)材料不具体。(2)详略不当。(3)组织无序。(4)结构松散。

2. 材料问题示例：

（1）选材雷同。“类文”作文较多：写“期盼”的，大多数考生选择了“父母对我中考的期盼”，特别是进入中考考场之前，那一抹“期盼眼神”；写“慈爱”的，基本都是长辈，特别是爷爷奶奶对我的关爱，而临死前的“眼神”更为“慈爱”；写“坚毅”的，不是军训，就是体育中考，同学在跑道上那“眼神”特别坚毅；写“失望”，主要是老师或父母，因我考试成绩不好，或者玩游戏过度而失望。总之，这些选材占了作文的大多数，缺乏新意，很难带来感动。

（2）表达：语言口语化；语句不通顺；叙述多，描写少，表达方式单一。

（3）书写：学生作文的书写普遍存在问题。字迹潦草，东倒西歪，笔画轻细或太粗；字体太大或太小，涂改太多。

3. 作文写不好的原因：没有生活；没有感受；没有方法。

4. 写作教学建议：

从中考作文试题及批阅的情况来看，加强作文教学，将写作训练落到实处迫在眉睫。写作能力是学生感悟生活、理解生活、感知运用文字等综合能力的体现，仅仅抓“写”是不够的，在平时的语文文本讲解中，努力提高学生的感知生活的能力。经典的选文如何从普通生活中取材，写出温暖人心的文字？不经意的生活中的点滴如何“小中见大”，悟出人生的大道理？我们如何在平淡无奇的生活中，获得不一样感动？要通过平时的语文教学，给学生一双“发现”的眼睛，这是提高写作水平的根本。

（1）加强“作文环节”的训练。审题、立意、选材、结构、语言表达、表达方式运用等，这些作文的环节应该一项一项逐一训练。特别是对于“审题”的训练。

（2）加强“应试作文”的训练。应试作文是在限定的时间内，按照给定的题目确立写作方向，并进行写作。它从内容到形式都有其特点与共性，这在平时作文教学，特别是初三作文教学中，要反复强调，并让学生训练。

（3）真情实感永远是文章的灵魂，走“形式主义”的道路是不可取的，“题记”“后记”“小标题”不要作为方法教给学生，更不可要求他们在作文中用。

（4）关注细节。本次作文批阅在书写上要求较高，3处错别字扣1分，扣满2分为止。其中不规范字也属于错别字。另外,整洁的卷面带给阅卷老师的第一印象也非常重要,平时写作中要注重卷面的要求,包括考试用笔,包括字的大小等。

五、试卷研究

培养教师命题能力、组织复习的能力，离不开研究中考试卷。在研究中考试卷命题特点和学生答题情况的过程中，引导教师认识中考命题规律，理解中考命题思路与要点，依据学生答题情况科学把握复习情况，提高备考复习的针对性、实效性，是我们多年来一直坚持的做法。每年中考阅卷一结束，我们就搜集阅卷信息，召开分析研讨座谈会，分学科撰写中考试题分析，由《桐城教研》以中考专辑的形式结集出版，免费分发给各初中学校。下面几篇中考试卷分析就是我本人撰写的。

安徽省2011年初中语文学业水平考试试题分析

2011年安徽省中考语文试题遵循课程标准，体现出鲜明的语文试卷的特点。面向全体学生，兼顾了城乡的教学实际。题目设计简明，指向明确，难易比例适当，既能使大多数学生能有所答，又表现出一定的区分度。试卷从"命题立意、材料选择、表现形式、重点突破"等方面做整体思考，并有所创新，具有"保持稳定，注重基础，适度区分，突出能力"的风格，对学生的学习效果和教师的教学思想均进行了系统而全面的考察。对我省初中语文今后的教学起到了重要的引领作用。

现结合桐城市的评估情况进行如下分析。

一、2011年中考语文试题特点

1. 选文设题有思想，试卷颇具厚重感。

与往年中考语文试卷相比，虽然篇幅分量相差无几，但2011年的试卷极具思想内涵，出题者在这方面可谓独具匠心。两篇现代文阅读材料，一篇是较为规范的说明文《薇藻——可循环的"绿色油田"》，彰显了人与自然和谐共处的理念，体现了人与环境协调发展的思想；一篇是状物散文《生机勃勃的太阳花》，袒露了对生命的礼赞，感悟了深刻的人生启迪。作文《在我们这个年龄》，引发了正值青春年少的花季青少年对生活的憧憬，对创造的激情，对生命的思考，同样传达出提倡坚守美好的情感和精神的意向。综合性学习的考查设计的是“书信沟通你我他”主题系列活动，传递的是在当今信息化时代对中国传统书信文化的一种理性的回归。再如“名著考查”中再现《水浒》填空题，通过填写梁山几易寨主的姓名，对学生在阅读和理解名著的深度和广度上提出了更高的要求，要求学生真正走进名著，同时也改变了同一名著间年不考的传统看法。

2.试题考查比较全面，难度有所增加。

2011年的语文试题难度有所增加。出题者多方出击，努力做到较全面地考查考生的语文水平。有古诗文名句名篇的默写，和对字音、字形、词义、句式变换的考查题；有名著阅读题；也有注重能力的仿写题、筛选材料题、口语表达题和理解分析题。现代文阅读，有对文章内容的概括，有对结构内容的把握，有对词语、语句的赏析和体味，有对写作技法的揣摩，以知识考查为主导，融能力测试于一炉，多方面、多角度地设计题目，语文味浓。特别是请假条的写作，让久违了的作为语文知识重要组成部分的应用文走进了中考语文试题。如果平时不注重对学生语文素养的培养，要想答好题实属不易。

3.增设了开放性试题，具有一定的自由度。

2011年的“语文积累与综合运用”板块，可能出于判分标准统一的考虑，以客观题为主，但在“阅读”板块的第14题安排了一道开放性非常强的试题，“文中的太阳花给了你哪些人生启迪?”开启了学生思维的广度，增强了答案的多元性。

4.参考答案和评分标准避免了呆板，具有一定的弹性。

学生的理解往往各有自己的个性特点，用语习惯也各不相同，如果答案过于整齐划一，显然不符合语文学习的特点。从本次《语文试题参考答案和评分标准》中，我们欣喜地看到许多题目答案后面都有括号注明“意思对即可”，考虑到考生的个性差异，体现出对学生的人文关怀，符合学生的认知规律。

5. 美中不足，瑕不掩瑜。

从整个试卷来看，语文的“三个维度”均得以体现，三篇阅读选文文体色彩鲜明，但涉及文言文《马说》的第17、18题设题过于陈旧，未能将此文深刻的思想内涵与对当今现实的人才观的思考相契合。学生就文论文，就题答题，创新能力和思辨能力也未得到应有的发挥和考查。再如第12题的提问“如何进行正面描写”对学生答题的指向性不是十分明确，学生答题难以找准角度。再如，作文命题过于老套，它与往年写过的中考作文题“我的初中生活”如出一辙。这样的题目是否会被简单的套作所代替，为宿构提供空间？缺乏新意的命题作文，是否会给今后日常作文写作训练带来浅薄和懈怠？在太多熟悉和移情的背后，是否会失却认真思考的力度与写作的价值意义？这些都是一种遗憾。但尽管如此，2011年语文试卷特色鲜明，导向明确，总体设计别具匠心，是一份难得的好试卷。

二、语文试题所涉及的考点和能力层次分析

试卷形式和往年一样，板块清晰，有“语文积累与综合运用”“阅读”“写作”和“卷面书写”四大板块。

第一板块“语文积累与综合运用”，共35分，设有4道题，试题简洁明了。

第1题，默写古诗文的名句名篇，能力层次A级，满分10分。第(1)题考查的是古诗文名句的识记，安排了8道补写题，让考生任选其中6题；第(2)题考查的依然是整首诗词的默写，能力层次A级。

第2题同往年一样，选择优美短文作为答题依托，设计了4道小题，满分9分，与往年不同的是考查了“将陈述句改为反问句”的句式转换题，考查的是语文基础知识，能力层次为B级。

第3题是名著考查，单独列题，虽然分值只有4分，但体现了对名著阅读的关注，设题与2010年相同的是仍将《水浒》作为阅读材料，不同的是2011年设置了从文体的角度对名著进行考查题。能力层次B级。

第4题是综合性学习类型的题目，共有3小题。满分12分，设计为主题系列活动的形式，考查的是语文方面的综合运用能力。能力层级C、D两级。第(1)题是筛选材料题，设计了三个材料，要求根据活动主题选择其中符合要求的三项。能力层次为D级。第(2)题是书写请假条,将应用文体与口语交际相结合,能力层级D级。第(3)题融合了病句修改和语句仿写,能力层级D级。

第二板块是阅读。两篇现代文,一篇文言文,共13道题,满分55分。

第一部分是说明文《薇藻——可循环的"绿色油田"》的阅读理解,满分15分,共设4道题。

第5题考查的是对阅读材料信息的提炼,分值4分,能力层次C级。

第6题考查的说明文的文体知识——说明方法,分值4分,能力层次C级。

第7、8题考查的是对文章概括能力,分值4分,能力层次为C级。

第二部分是关于状物散文《生机勃勃的太阳花》的阅读理解,满分25分,共设5道题。

第9题、第10题考查的是筛选和整合信息的能力,分值都是4分,要求考生根据文本进行归纳和概括,能力层级C级。

第11题考查的是对词语的用意的分析,分值4分,能力层次为C级。

第12题考查的是对文章写作技法的理解,分值6分,能力层次D级。

第13题考查的是对文章整体内容的感知,分值6分,能力层次D级。

第14题是主观性较强的开放性试题,分值6分,能力层次D级。

第三部分文言文阅读是文言文《马说》的阅读。出自《语文课程标准》中所规定的基本篇目,满分15分,共设4题。

第15题是文言词语解释题,涉及文言实词和虚词,满分5分,能力层级B级。

第16题文言语句翻译,设有两个文言断句,满分4分,能力层级C级。

第17、18题考查的是对文章主题思想的理解和把握,分值都是3分,能力层级C级。

第三板块为写作部分,题型为命题作文《在我们这个年龄》,满分55分,能力层级D级。

作文注重唤醒与触发。2011年的作文命题有特色、有新意,文字平淡而内涵丰富。以时间为经线,以学生的生活阅历和人生感悟为纬线,编织多彩的青春岁月。作文导语从多个维度为学生打开写作思路,有立意的启发,还有选材的帮助,唤醒学生的写作经验,触发学生的写作灵感。

另外,试卷还设置了"卷面书写",满分5分。这一评估措施,有利于引导中学生养成良好的书写习惯。

三、学生主要失分题及原因分析

通过查阅部分学生的答卷,我们发现有如下题目考生失分较多。

第一大题"语文积累与综合运用"部分:

第3题,名著阅读填空的第(2)题对《水浒传》的考查,许多考生不知晁盖之前梁山泊寨主是王伦。这是因为没有真正阅读这部名著,单凭考前的几张备考讲义是无法做出正确答案的,所以要扎扎实实看名著,才能应对自如。

第4题综合性学习考查。

第(2)题代写请假条,许多考生没有写出不能参加的专题讲座的时间、专题的名称,转述不具体,因为讲座人有可能有多场讲座,而且也有可能讲座的专题不同,所以一定要交代具体。此外要注意写请假条的格式,它是书信的一种,应该有祝颂语,如"此致,敬礼"。

第(3)题中"③在文末横线处补写一句话,表达出写作对读书的影响"。有些考生囿于以前训练中的思维定式,没有看清题目中对补写的要求,前一句讲的是读书对写作的影响,而要考生补写的是写作对读书的影响,所以要看清题意,根据要求来答题。

第二大题"阅读"部分:

第一块是说明文阅读。

第7题筛选信息题,"我国'微藻能源规模化制备的科学基础'研究项目,要解决哪些问题?"

此题应该不难回答,可是许多考生不得分或者失分,究其原因没有认真阅读原文,没有找到答题区域第⑤段。

第二块是散文阅读。

第12题:"第②段写太阳花的美丽时,是如何进行正面描写和侧面描写的?"失分较严重。许多考生只摘抄了"正面描写和侧面描写"的语句,却没有分析。这是审题不清造成了,忽略了题干中的“如何”两个字。

第13题“从全文看,为什么说太阳花的世界是“一个科学的、公平的、友爱的世界”? 考查的是考生筛选和整合信息的能力,其实只要扣住“科学”“公平”“友爱”三个方面分点回答,就会八九不离十,可是考生们忽略了对题意的把握,回答时如同盲人摸象,毫无章法,因而失分较严重。

第三块是文言文阅读。

第16题只照字面翻译,不能补出省略的成分或者语句翻译不清。如“鸣之而不能通其意”,应该翻译为“(千里马)鸣叫,(喂马的人)却不知道它想表达的意思”。许多考生没有写出括号中的文字。

第17题:“从文中看,千里马遇不到伯乐,它们有着怎样的命运?”主要问题是回答不全面。此题回答应该包括两个方面的内容:①千里马不能被发现,不能获得应有的待遇,“食马者不知其能千里而食也”,“食不饱,力不足,才美不外见”;②千里马结局悲惨,“祇辱于奴隶人之手,骈死于槽枥之间,不以千里称也。”可是许多考生浅尝辄止,只回答了一个方面。

四、2011年中考语文试卷抽样分析

2011年,桐城市实际参加安徽省初中毕业学业和高中升学考试语文学科总人数为10 318人,人均得分103.98分;最高分139分。全市130分以上88人,120分以上1114人,优秀率为10.8%;90分以上8805人,及格率为85.34%。

根据抽样调查,语文试卷各题得分情况见表1和表2。

表1　语文试卷得分情况抽样调查表(1)

题号	1	2	3	4	5	6	7	8	9	10
满分	10	9	4	12	4	4	3	4	4	4
得分	8.73	6.55	2.06	8.87	2.99	2.14	1.53	2.44	3.81	2.03
得分率	0.87	0.73	0.51	0.74	0.75	0.53	0.51	0.61	0.95	0.51
题号	11	12	13	14	15	16	17	18	19	20
满分	3	6	6	2	5	4	3	3	55	5
得分	1.49	3.21	2.42	1.62	3.63	3.15	1.94	2.33	38.83	4.21
得分率	0.50	0.54	0.40	0.81	0.73	0.79	0.65	0.78	0.71	0.84

表2 语文试卷得分情况抽样调查表(2)

名称		满分	平均得分	难度系数
语文积累与综合运用		35	26.21	0.75
阅读	说明文	15	9.1	0.61
	状物散文	25	14.59	0.58
	文言文	15	11.05	0.74
写作		55	38.83	0.71
卷面书写		5	4.21	0.84

五、2011年的语文试题对今后语文教学和教研的启示

1.要有效做好文本阅读教学。在阅读教学过程中,要着力培养学生的理解、分析综合、表达应用以及欣赏评价能力,加强学生对文中重点、难点、疑点等段落和句子的赏析。

2.要强化初中生的作文教学。作文教学要三年一盘棋,统筹考虑,分布分点指导,循序渐进,稳步提升。要鼓励学生多读书,勤于积累多类别具有时代生活气息的写作素材。

3.文言文教学要夯实基础。凡教科书中选入的古诗文应要求学生熟读成诵并能准确默写。在此基础上,分类积累具有哲理意蕴的古诗文名句,突出文言实词的理解和关键句段的翻译训练。

4.加强语文综合实践活动。要将文本中安排的活动与当地的特色资源紧密结合起来,使语文活动真正落到实处,在活动中增长见识,培养学生的综合应用能力。

5.实行计算机网上阅卷,要求考生书写规范,即在规定的答题区间书写,字迹要端正清晰易辨认,字体要适中,不要过大或过小,尽量减少涂改。

六、2011年中考优秀作文选摘与点评

在我们这个年龄

桐城市一考生

春日的清风夹杂着淡淡的花香,时不时传来几声清脆婉转的鸟鸣,一群少年正行走在求学的道路上,他(她)们的瞳孔清亮,脸颊红润,心中充满着无

限的遐想和无尽的疑问，他（她）们率真、自信，充满希望。处在十五六岁花季的我们，正是这样的一群少年。

“所有的日子都来吧，都来吧，让我编织你们，用青春的金线和幸福的璎珞，编织你们。”刚入学时，我们眨巴着清澈的眸子，对初中的校园生活充满了无限的向往。我们时而淘气，课堂上意外出现的一只虫子都能让我们高兴半天，可我们并不叛逆，老师、家长叮嘱的每一句话都牢记心中；我们信心万丈，相信再大的坎也有跨过去的时候，再大的困难也有战胜的时候，可我们并不自负，我们坚信“三人行，必有我师焉”，虚心请教方能有所进步。

“是转眼过去了的日子，也是充满遐想的日子。”青春的岁月有成功，也有失败。在学校运动会上，我们团结一心：身为运动员的同学，个个摩拳擦掌；啦啦队加油打气的声音此起彼伏。当获悉同窗夺得第一名的佳绩时，我们在一起欢呼雀跃；当错失冠军时，我们也不气馁，在赛场上高呼：“江东子弟多才俊，卷土重来未可知。”

“所有的日子都去吧，都去吧，在生活中我快乐地向前。”学习的过程中固然不乏竞争，但在合作中学习才是我们的最终归宿。曾记否？那明亮的课堂上有我们琅琅的读书声；曾记否？那昏黄的灯光下有好友相互切磋、关怀的温馨……我们是全新的一代，我们有力量，有信念，面对中考，我们无所畏惧，并在百日誓师大会上齐声高歌：“多沉重的担子，我不会发软；多严峻的战斗，我不会丢脸！”

兴高采烈，积极进取，这才是我们。

在我们这个年龄，虽然我们还并不成熟，有时候顽皮而又有点小小的懒惰，但我们已经开始放眼看世界，心系国家发展，我们相信“今日之责任，不在他人，而全在我少年”，我们会通过努力、拼搏，创造无愧于时代的辉煌！

【点评】大凡文章，无非以见解、学识、才情取胜。本文作者在学识、才情方面胜人一筹。作文题“在我们这个年龄”，看似好写，实则有难度，难就难在要正确处理详略、虚实关系，做好详略得当、虚实相济，能给读者“面”的认识、“点”的感动。本文以作家王蒙的一些诗句为经线，以自己对初中生活的回忆为纬线，编制成一张精制的网。更难能可贵的是，本文向我们展示了一个有理想、懂生活的阳光少年形象,这一形象是自然呈现出来的,而不是贴标签式的。

安徽省2012年初中语文学业水平考试试题分析

2012年安徽省中考语文试题,稳中求变,平中见奇,试卷结构简洁而流畅,综合实践活动设题灵动而巧妙,阅读注重考查理解能力,是一份难得的“语文”试卷。试卷能够以生为本,面向全体学生,兼顾城乡的教学实际。能比较全面考查学生的语文学习和教师的教学效果,对今后的语文学习和教学都有重要的引领作用。

现结合桐城市的评估情况进行如下分析:

一、2012年中考语文试题特点

1.设题简明,指向明确。

2012年中考语文试题把对学生的人文关怀体现在设题上,无论主观题还是客观题,无论是填空题还是问答题,设题语言简洁清楚,晓畅易懂,没有故作高深的言辞,没有华丽辞藻的修饰,没有偏题怪题的疑云,如小桥流水般的清新,如清风明月般的和煦,使考生即使在紧张的考试中也能很快把握题意,做出自己的解答。

2.选文平易,注重理解。

现代文选文也关注了学生的认知水平,贴近学生的生活。一篇是议论性散文《成长是一件怎样的事》,关注自我,关注成长,文章条理清楚,阅读难度不大。一篇是小说《红橘甜了》,是亲情感恩类的文章,也很容易引起学生的共鸣。小说向来是高考的座上宾,很少惠顾中考。初中自从2008年考了两篇散文后,议论文和说明文就一直你方唱罢我登场。小说今年莅临中考试卷,似在平静的湖面荡起了清波。今年阅读题加大了对文章内容的理解,对学生筛选和整合信息的能力要求更高了,分值也从去年的25分飚升到了29分,这就要求学生一定要读文章,一定要把文章读懂,才能做出满意的解答。这启示语文老师在平时的教学和复习中引导学生读文章,要读懂文章。语文学习最重要的两块是阅读和写作,如果平时学习不读不写,或者少读少写,却能够取得好成绩,这是对语文试题评估的一种嘲讽。

3.考查全面,亮点颇多。

今年的中考试题和往年一样,力求对语文学习情况进行全方位考查,可以看出出题者的用心良苦,平稳中见创新,质朴中有芳华,一份试卷尽显出题者胸中之丘壑。虽不显山露水,可是亮点很多。如名著考查部分,中外兼顾,平分秋色,各不得罪,第(1)题寥寥几句,就归纳出孙悟空成长路上三位重要人物菩提祖师、观音菩萨、师傅唐僧对他的影响,可见出题者的概括力。第(2)题是对《格列佛游记》的考查,则不单纯是识记了,要对原著有一定的理解,才能正确填写。第4题对综合性学习的考查,共有三小题,都可圈可点,是最见功夫的地方。第(1)题小而巧,让学生按照所列词语拟对偶句,以语文的名义引导学生关注身边的环境。第(2)题根据情境写借条,借条是较常见的应用文,考生要能够清楚地表述,还要能对数字大写(如果注明要对数字大写,这一题就完美了)。第(3)题考查了语义的连贯、语病的修改,尤其是考查了标点的改错,这其实是一种信号,要求老师和学生要重视标点符号的运用,它是汉语表情达意的重要组成部分之一。

4.美中不足,有待改进。

(1)默写古诗文名句名篇部分,整体默写考了绝句《赤壁》,而《赤壁》2009年已经出场过一次了,今年又杀个回马枪。其实怪不得出题人,要求背诵的就那么几首绝句,可供的选项不多。为什么不能换换口味呢?可以考考律诗的一部分,或者以其他的形式出现。

(2)阅读部分第8题“第四段中,‘蹲苗’的比喻是为了阐释什么道理?有什么好处?”这两个问题其实可以合并为一个问题:“蹲苗”的比喻有什么作用?因为分成两个问题,那么第二个问题答案就变成了一个硬性的“口诀”了。这样的问题看似针对文本而出的题目,其实与文本的理解没有多大关系,而且容易导致阅读理解题解答的程式化倾向。

(3)文言文阅读貌似是比较阅读,其实根本没有找到比较点,只是把两个文言语段拼凑在一起,出了几个与比较阅读不相干的题目。

(4)作文是半命题作文“在其中”,太过宽泛,没有审题的难度,似乎是个万能的筐子,什么都可以往里装,这样的命题容易导致作文的套作。

二、语文试题所涉及的考点和能力

试卷与往年一样,保持了四大块格局。

第一块“语文积累与综合运用”共35分,设有4道题。

第1题是描写古诗文名句名篇,能力层次A级,满分10分。第(1)题考查的是古诗文名句的识记,仍然是8选6。第(2)题考查的仍然是整首诗的默写。

第2题选择短文作为答题的依托,考查了字词注音、改错别字、解释字词义以及修辞手法的识别,设有4道小题,满分9分,能力层次B级。

第3题是名著考查,一中一外,仍然以填空题出现,深入名著内容之中,体现了对名著阅读的关注,设有2道小题,满分4分,虽然是蜻蜓点水,却很有特色,能力层次B级。

第4题考查的综合实践活动,共3小题,满分12分,设计为主题活动形式,连贯而有新意,能力层次C、D两级。

第二块是阅读。两则现代文阅读,一则文言文阅读,共13道题,满分55分。

第三块是写作部分,题型为半命题作文,仍然关注学生生活。学生都有生活体验,都有话可写。赋分55分,能力层次D级。

第四块是卷面书写,满分5分。这是安徽卷的传统保留节目,有利于引导学生养成良好的书写习惯。

三、学生主要失分题及原因分析

通过查阅部分学生的答卷,我们发现有如下题目考生失分较多。

第1题的第(2)题,要求默写杜牧的《赤壁》,部分学生默写不全或张冠李戴,还有就是默写中出现多个错别字。失分的原因一是未能做到整体识记,二是形似字误写。

第3题的第(2)题的两个填空,依次应填“慧骃”与“野胡”,有超过七成的学生错填。原因是这些学生过去根本就没有通读过《格列佛游记》。

第4题的第(2)小题写借条,错误在:一是大部分学生书写格式不规范;二是涉及物品的数字没有大写。

第5题，要求用一句话概括《成长是怎样一件事情》这篇议论文的中心论点，因为该文的中心论点必须整合概括，部分学生没有参透这一点，导致失分较多。

第6题，问“文章开头，作者为什么要说‘和许多人一样’？”该题得分也很低，是因为学生缺乏联系社会现实和揣摩作者写作意图意识。

第8题是全卷得分最低的一道题，考查的是对文中关键词语比喻义的理解，主要失分原因一是学生联系语境筛选有效信息能力差，二是对比喻这种修辞作用把握不准。

第9题“联系第五段内容看，划线句中‘额外奖赏’指什么”这道题得分较低，失分原因是学生对文中关键语句的分析和概括能力差。

第10题的第(3)小题问“橘子成熟后，父亲的做法”，答案有四点，绝大部分学生失分，其原因是要点概括不全。

第12题，阅读下面句子，回答问题。

(1)(父亲)望着树上的橘子发呆，看到我们，父亲一愣，随即便孩子般叫着母亲的名字。

这里的描写表现了父亲哪些心理活动？

(2)“这屋里，烟太大了……”

父亲和儿子为什么都说这句话？说这句话时，各自的内心状态是怎样的？

这道题学生也普遍失分，其原因是对文中关键性语句理解欠准确。

第13题，请结合小说内容，具体说说文中表现了哪些方面的“甜”。要求考生深度解读文章标题“红橘甜了”的多种内涵，试题具有开放性，部分考生也失分较多。其原因是平时的阅读教学对学生思维的广度和深度引导不够。

第18题，写作题，有七成以上的学生得分在35分左右。普遍得分不高的原因是：或填写的词与短语太平常，更多的是选择的材料太一般、太陈旧，更有少数考生将现代文阅读材料照搬到作文中。许多是语言太平淡，结构上平铺直叙等。

四、2012年中考语文试卷抽样分析

2012年，桐城市实际参加安徽省初中毕业学业和高中升学考试语文学科总人数为8395人，全市参考学生语文人均得分为108.79分，及格人数为7404人，及格率为88.20%，全市语文最高分为138分，130分以上有216人，120分以上有2277人，优秀率为27.12%。

根据抽样调查，语文试卷各题得分情况见表3和表4：

表3　2012年语文试卷抽样调查表(1)

题号	1	2	3	4	5	6	7	8	9	10
满分	10	9	4	12	3	4	3	4	4	6
得分	8.99	7.32	2.71	9.59	1.69	2.04	2.11	1.82	2.15	5.35
得分率	0.90	0.81	0.68	0.80	0.56	0.51	0.70	0.46	0.54	0.89
题号	11	12	13	14	15	16	17	18	19	
满分	4	6	6	5	4	2	4	55	5	
得分	2.76	3.34	4.35	3.73	3.18	1.50	3.63	38.74	3.90	
得分率	0.69	0.56	0.73	0.75	0.80	0.75	0.91	0.70	0.78	

表4　2012年语文试卷抽样调查表(2)

名称		满分	平均得分	难度系数
语文积累与综合运用		35	28.61	0.82
阅读	议论文	18	9.81	0.55
	小说	22	15.81	0.72
	文言文	15	12.05	0.80
写作		55	38.74	0.70
卷面书写		5	3.90	0.78

五、2012年的语文试题对今后语文教学和教研的启示

1.语文积累与综合运用部分，应加强实用应用文的写作指导。2012年考察了“借条”的写作，部分学生书写格式不对，借据中出现的数字也不知要大写。

2.现代文阅读指导，在平时的教学中更要务实，重在学法指导与能力培养。其中对文本中关键词语、重要语句的理解以及联系语境分析应始终成为

现代文阅读教学指导的重点所在。

3.作文教学任重道远。在语文教学中,应强化作文教学。每位语文教师在备课中,一定要有通盘的作文教学计划与每一篇作文指导教学设计。从七年级开始,就要系统地指导学生会审题立意,收集与选择材料,布局谋篇,遣词造句;教会学生写好记叙文、说明文和议论文。

4.切实开展好语文综合实践活动。在安排活动中,要因地制宜,发挥当地特色资源的优势,使学生在活动中得到听说读写的训练与锻炼,从而提高语文素养与能力。

六、2012年中考优秀作文选摘与点评

傲骨在其中

桐城市一考生

四季连载的阳光中,快乐在其中;

雨点滴答的岁月里,深情在其中;

雪花编织的梦境中,浪漫在其中;

而深邃漫长的历史长河里,傲骨在其中!

——题记

刀光剑影,鼓角争鸣,埋没在岁月风沙中的古道,荒芜在悠悠史册中的边城,在历史厚厚的宫墙之外,是风在诉说关于傲骨的沧河遗梦……

(一)月下李白

夜晚,高高的苍穹之上,一轮玉盘嵌入其中,一片落叶从树上悠悠而落,落入溶进了夜色的酒杯,漾开一片温柔。

一身素净青衣的人,倚在栏杆上,低头在自己的往事里。大如血的残红映满回忆的天空,盛世繁华如过眼云烟,满腔热血的你,只是忠君报恩啊!为何仕途却如此坎坷?“天生我才必有用,千金散尽还复来。”

于是便有了这样一句话“长风破浪会有时,直挂云帆济沧海。”这里面融进的是李白的铮铮傲骨啊!

(二)南山陶潜

当夕阳与群山形成完美的棱角,傍晚的凉风徐徐催开了南山脚下的野菊，你便悠悠地从这南山小径上轻轻拂过，留下一阵淡雅的清香。

你身居南山，远离世俗，在这美不胜收的自然中享受人生，五斗米又怎样？男儿铮铮，怎能让心灵淀上俗世的繁华？“种豆南山下”是你朴实的爱好，“采菊东篱下”是你志趣的归宿。世态炎凉，恶俗的官场，是你所鄙弃的地方。虽辛苦劳作，却换来内心的舒畅。

于是，南山的野菊依然绽放，那培育它们长大的，便是你亘古不变的傲骨与信念啊！

（三）乌江项羽

凄风苦雨，乌江的潮水拍打着你的伟岸，阵阵寒意和着江风一阵阵袭来。

你立于舟前，回想起你破釜沉舟，回想起你气香残虐，你的眼泪融入乌江。渡过乌江又如何？大江东去，左右都是亡。众人劝你渡江，你却只是挥挥衣袖：是男儿，就该金戈铁马去，马革裹尸还！于是终了，你还是举起手中的利剑，让乌江见证了一个伟岸的生命走向了灭亡。

潮起潮落，千年后的乌江泛起层层细浪，不肯过乌江的项羽啊！我知道那是乌江在赞颂你万世不朽的傲骨啊！

止不住一曲离合悲欢，喝不尽一页酸甜苦辣。但在深邃漫长的历史长河里，铮铮傲骨在其中！

【点评】作为应试之作，在短短的时间内，将一个“傲骨”串联起三个历史上的杰出人物和他们的故事，可见小作者反应之敏捷，构思之快速。而这种敏捷和快速，则源于小作者的阅读之广之深，积淀之厚之精。由此可见，文格之高下，与阅读之深浅，积淀之厚薄，关系极大。

文中三个小标题，涉及三个人物三个故事。这三个标题，就是作者行文的章法与层次，工整且不失活泼清新。三个历史人物，由近及远，依次展示，又可见思维之缜密，技巧之独见。虽说是叙述故事，但不显得平直呆板，细品之，语言之精确、情采之浓艳，似乎触手可及。叙中含情，叙中有议，更可见小作者语言驾驭能力的非同一般！

安徽省2013年初中语文学业水平考试试题分析

2013年中考语文试题摇曳多姿，出题者手持彩练当空舞，展现着个性，演绎着思想，浸染着情感，我们徜徉在这美丽的世界里，感受着语文的魅力。手捧试卷，如读散文，如吟诗歌，如赏雕塑，如听音乐，试题既体现了鲜明的语文特点，又展现了独有的美感。试题总体具有“保持稳定，注重基础，适度区分，突出能力”的风格，不仅能考查学生的学习效果，还能引导师生在平时教学过程中注重对学生语文素养的培养，为一线老师今后教学提供了明确的方向。

现结合桐城市的评估情况进行如下分析：

一、2013年中考语文试题特点

1.试卷如散文般浸润情感。

2013年的试题富有个性特点。通读试题，如同阅读一篇情感依依的散文。试题不再是冰冷的面孔，仿佛是一篇主题统一的文章，浸润着怀古恋旧的情感。就阅读部分来说，出题者犹如导游，引领考生在“古朴的西塘古镇”“远去的乡村”“三峡风光”中徜徉。“西塘古镇”依然古色古香，保留着原有的风貌；“诗意的乡村”则渐行渐远，让人唏嘘不已；“三峡”那激流澎湃的气势在大坝建成之时就只能在文字中依稀可见。三篇选文显然不是随意的拼凑，寄寓着出卷者某种情感倾向。而作文则是“那段的日子”，又给这份试卷缀上几缕怀旧的情怀。试卷无情人有情，语文是有情感的，而我们的语文试卷也未尝不能染上几缕淡淡的忧伤，寄寓对现代文明发展的担忧和思考。

2.设题如诗歌般凝练优美。

2013年中考语文试卷设题语言简洁清楚，晓畅易懂，指向明确，不哗众取宠，不故弄玄虚，洗尽铅华呈素姿，如流水般的清新，如清风般的怡人，使考生即使在紧张的考试中也能很快把握题意，做出自己的解答，体现了对考生的人文关怀。题目设计也颇具匠心，如第10题，根据文中4、5、6段的内容，请仿照下面画线句的短语，完成填空。题目设计得如诗如画，既考查了学生对文本内容的把握，又引领考生在诗歌一样的语言氛围中缅怀乡村的诗意。第2题短文，告诉学生要种植梦想，耕耘现实，选择的短文富有生活的诗意，又包含人生的哲理。更值得称道的是第4题关于“文明出行”的综合实践活动，引导考生在语文的世界里注意遵守交通规则，珍爱生命，有对“闯红灯”现象的分析，有对路人的规劝，有对“倡导文明出行短文”的推敲。从对现象的思考到行动上的引导，出题者犹如仁爱的长者在对考生娓娓警示。

3.试题考查如雕像般立体全面。

2013年的语文试题难度有所降低。如第7题只考了说明方法的认知，没有考查它的表达效果。文言文阅读不是两篇语段的比较阅读。许多题目都能在原文中找到词句作答。然而试卷考查较全面，出题者多方出击，努力做到立体式检验考生的语文水平。出题者依据语文课程标准，根据语文的特点，听说读写都有考查，有古诗文名句名篇的默写，和对字音、字形、词义、修辞的考查题；有名著阅读题；也有材料分析题、口语表达题和病句修改题。现代文阅读，有对文章内容的概括，有对结构内容的把握，有对词语、语句的赏析和体味。以知识考查为主导，融能力测试于一炉，多方面、多角度地设计题目，语文味浓。如果平时不注重对学生语文素养的培养，要想取得好成绩也不是那么容易的。

4.答案如音乐般灵动。

学生的理解往往各有自己的个性特点，用语习惯也各不相同，如果答案过于整齐划一，显然不符合语文学习的特点。从本次《语文试题参考答案和评分标准》中，我们欣喜地看到许多题目答案后面都有括号注明“意思对即可”，考虑到考生的个性差异，体现出对学生的人文关怀，符合学生的认知规律。参考答案表述凝练简洁，要点明晰，不做冗长的表述，没有华丽的辞藻修饰，删繁就简三秋树，便于评卷计分。

5.短处如美玉上的瑕疵。

这份试卷，呈现给我们的是诸多的美感，它的独特风格，它的独出心裁，让我们赞赏，犹如迎面而来的清爽的风。然而也有一些很明显的不足：

(1)从整个试卷来看，注重知识和技能的考查，阅读理解没有个性表达的题目，也没有思辨性的题目，不能很好地反映学生的“情感、态度和价值观”。

(2)有明显不严密的地方。如第4题的第(3)题，给出句子“最近我市发生的几起重大的交通事故,原因都是行人不遵守交通规则、闯红灯引发的",要求考生改病句,答案是删去"原因(或:引发的)",然而句子当中"不遵守交通规则"与"闯红灯"显然不能并列,它们是包容与被包容的关系,如此明显的错误不应该出现在这样重大的考试试卷上。

(3)有过于简单的题目。如第7题,只考查考生对说明方法的认知,不能反映真正意义上的阅读理解,可能会把说明文教学引向教条化、机械化教学的误区,不利于培养学生对文本的感知和理解能力。

(4)有偏颇的参考答案。如第12题,要求考生从修辞的角度赏析语句,给出的参考答案是"运用排比、拟人、反复的手法,句式整齐,亲切生动,富有诗意。"我们知道,任何修辞,都是为表达内容服务的,文中之所以运用那些修辞手法,都是为了生动形象地表达作者对乡村的喜爱和赞美之情,这才是真正意义上的从修辞角度赏析。如果离开文本,也能做出答案,那么阅读文章就没有必要了。这对语文教学来说也是一种不良的导向。

(5)两篇现代文阅读材料的选择搭配有雷同之处。第一篇现代文《西塘古镇》作为说明文与写景散文《远处的乡村》在写作对象和语言风格上几乎一致。作为说明文,应当选择科技说明文为佳,一则考查学生的科学素养,一则考查学生的人文素养,这样的搭配考查才比较全面。

(6)作文给词有消极情绪。乍一看,这道作文题是专为"留守孩子"设计的。今年的限制性半命题作文,要求学生从"温暖""自由""孤单""烦心"四个词语中选择一个,把题目补充完整。与单纯的全命题作文相比,能给予学生更多的空间。出题者给出这样的词语,恐怕是为了让学生以我手写我心,抒发自己的真情实感。然而"烦心"这样的词语,具有消极情绪,试想学生真写出很烦很烦的生活,抒发出那样的思想感情,能得到高分吗?即使写出来,恐怕也是比较表面、肤浅的心理感受。而"孤单"这个词,适用对象是极少数的学生,即使是留守孩子,一般也有其他亲人的照顾,谈不上怎么孤单。如果能感受到心灵上的孤单,如此深沉的学生恐怕少之又少。为什么不能给出诸如"奋斗""快乐"这样的词汇呢?初三的学生在为自己的梦想努力着,他们拥有青少年这个年龄段独有的快乐,给出这样的词语,更容易激发他们的生活体验，表达自己的真情实感，表达出积极乐观的思想感情。可是为什么非要他们“少年不识愁滋味，为赋新词强说愁”呢？

二、语文试题所涉及的考点和能力层次分析

试卷形式和往年一样，板块清晰，有“语文积累与综合运用”“阅读”“写作”和“卷面书写”四大板块。

第一板块“语文积累与综合运用”共35分，设有4题，简洁明了。

第1题，默写古诗文的名句名篇，能力层次A级，满分10分。

第2题同往年一样，选择励志短文为答题平台，设计了4道小题，满分9分，考查的是语文基础知识和对短文内容的理解，能力层次为B级。

第3题是名著考查，单独列题，虽然分值只有4分，但体现了对名著阅读的关注，设题同2012年一样，涉及一中一外两部名著，2013年是《骆驼祥子》和《安徒生童话》。能力层次B级。

第4题是综合性学习类型的题目，共有3小题，满分12分，设计为主题系列活动的形式，考查的是语文方面的综合运用能力。能力层级C、D两级。第(1)题考察是对信息的筛选和整合，能力层次D级。第(2)题是口语表达，设计了两个对话情境，要求选择其中的一个拟写。能力层次为D级。第(3)题为语病改错题，设计了一段话，要求考生根据语境删改和调整语序。能力层级C级。

第二板块是阅读。两篇现代文，一篇文言文。共14道题。满分55分。

第三板块为写作部分，题型为半命题作文《那段的日子》，要求考生从所提供的四个词语中选取一个，将题目补充完整，然后作文，给考生较大的发挥空间。满分55分，能力层级D级。

另外，试卷还设置了“卷面书写”，满分5分。这一评估措施，有利于引导中学生养成良好的书写习惯。

三、学生主要失分题及原因分析

第一大题“语文积累与综合运用”部分。

第2题解释“华而不实”的“华”的意思许多学生做错，虽然考试时可以查字典，但是仍然不能选择正确的义项。在今后的教学中还要夯实词语教学，引导学生勤查字典、词典,知晓词语的意思,这样才能准确运用。

第3题名著阅读,许多考生写不出《骆驼祥子》的"刘四爷",不知《卖火柴的小女孩》中那慈祥的"老祖母",这是因为平时没有真正认真细致读名著。在今后的教学中,要积极引导、组织学生读名著。

第4题综合性学习考查,第(1)题用简洁的语言表述《闯红灯原因统计表》,有不少学生表述不清楚,重点不明确,因而失分较多。

第二大题"阅读"部分:

第一板块说明文阅读。

第9题对"势"和"事"的指向不清楚,原因是不能整体感知文意,不能有效地筛选和整合信息。

第二板块散文阅读。

第12题要求从修辞的角度赏析语句,许多学生不能找全修辞手法,"排比、拟人"一般学生都能写出来,而对反复的修辞手法却视而不见。

第13题、第14题,品味词语的内涵,说说对题目的理解,得分较低,原因是不能准确而全面地把握作者寄寓在文中的思想感情,没有掌握"词不离句、句不离篇"的阅读技巧。

第三板块文言文阅读。

第17题,虽然题干指向明确,答案几乎呼之欲出,但许多学生找不到相应的词语,究其原因,还是没有审清题意,根据题意的要求作答。

第18题,写出三峡山和水的特点,学生浅尝辄止,答到一点就鸣锣收兵,这是思维不严谨不周密的表现。

第三大题作文部分。

2013年虽然是半命题作文,但是要求学生从给出的四个词中选取一个,有些考生不能仔细阅读"提示和要求",自行填出另外的词语,致使作文得分降低档次;另外也暴露出不少考生不能生动书写生活的毛病,写出的生活虚假,感情不真挚。

四、2013年中考语文试卷抽样分析

2013年,全市实际参加安徽省初中毕业学业和高中升学考试语文学科总人数为7423人，全市参考学生语文人均得分为103.71分，及格人数为6220人，及格率为83.79%。全市语文最高分为137分，130分以上有46人，120分以上有931人，优秀率为12.54%。其中作文，全市获得50分以上的有50人，48分以上的226人，46分以上的672人，45分以上的1131人，44分以上的1728人，优秀率所占比例为23.28%。

根据抽样调查，语文试卷各题得分情况见表5和表6：

表5　语文试卷得分情况抽样调查表(1)

题号	1	2	3	4	5	6	7	8	9	10
满分	10	9	4	12	3	6	2	2	4	4
得分	8.54	6.08	2.43	10.08	2.11	3.71	0.95	1.32	2.00	2.14
得分率	0.85	0.68	0.61	0.84	0.70	0.62	0.48	0.66	0.50	0.54
题号	11	12	13	14	15	16	17	18	19	20
满分	4	5	4	6	5	4	2	4	55	5
得分	2.92	2.54	1.70	3.05	3.68	2.68	1.53	2.46	40.07	3.51
得分率	0.73	0.51	0.43	0.51	0.74	0.67	0.77	0.62	0.73	0.70

表6　语文试卷得分情况抽样调查表(2)

<table>
<tr><th colspan="2">名称</th><th>满分</th><th>平均得分</th><th>得分率</th></tr>
<tr><td colspan="2">语文积累与综合运用</td><td>35</td><td>27.13</td><td>0.78</td></tr>
<tr><td rowspan="3">阅读</td><td>说明文</td><td>17</td><td>10.10</td><td>0.59</td></tr>
<tr><td>写景散文</td><td>23</td><td>12.35</td><td>0.54</td></tr>
<tr><td>文言文</td><td>15</td><td>10.34</td><td>0.69</td></tr>
<tr><td colspan="2">写作</td><td>55</td><td>40.07</td><td>0.73</td></tr>
<tr><td colspan="2">卷面书写</td><td>5</td><td>3.51</td><td>0.70</td></tr>
</table>

五、2013年的语文试题对今后语文教学和教研的启示。

1.要着实培养学生的语文素养。在语文教学中，老师要根据语文课程标准，认真实施课程改革，做学生学习的引导者、组织者，把课堂还给学生，让学生做学习的主人，此外还要引导和组织学生开阔视野，阅读名著和时文，扩大学生的阅读量，把学生从烦琐的习题中解放出来，为学生的终身发展打下坚实的基础。

2.要积极引导学生写好作文。作文是语文教学的重要内容,教师要把学生带入火热的生活中去,培养他们多角度观察生活的能力,能发现生活的丰富多彩。教师要引导学生准确地审题立意,做好素材的积累,激发他们的写作兴趣,让他们体会到语言的魅力,热爱祖国语言,并能够运用语言生动表达生活,准确表达自己的思想,真挚抒写对生活的感悟和思考。

3.要加强语文综合性学习。生活即语文,语文和生活相联系,教师要因地制宜,引导和组织学生开展语文综合实践活动,在活动中开展听说读写活动,这样不仅能提高自己的语文素养,还能使青春活泼的学生爱上语文,在活动中运用语文,提高他们的实践能力。

4.要领会网上阅卷的特点。要求考生在答题区域答题,书写规范,字迹清楚,字体适中,尽量减少涂改。

六、2013年中考优秀作文选摘与点评

那段温暖的日子

桐城市一考生

回首这么多年,有欢乐,有泪水,有酸甜,也有苦辣。而初三那段日子,灯下的那些时光,如欢乐的乐符雀跃在心头,那么温暖。

点亮一盏灯,总能温暖我的心。蓦然回首,那段灯下的日子,回荡着的父母的关切,让我的心不经意间注入了温暖的细流,让我的心坚定而又温暖,向着目标努力出发。

仍记得那段温暖的日子,总是飘荡着妈妈为我煮的小米粥的香味。妈妈说初三了,饮食一定要注意,街旁的小店里不干净,便每天清晨很早地起床为我煮小米粥。每天清晨,当我揉揉惺忪的睡眼,就可以看到厨房里微亮的灯下妈妈忙碌又专注的身影,我眯着眼,尽情陶醉在这小米粥的香气中。觉得往常看上去平凡的灯,此刻所撒下的光里蕴含着巧克力般丝滑柔软的味道。哦,那是爱,是妈妈给予我,藏在小米粥里的爱。怪不得每天早晨的小米粥都格外香甜可口。

仍记得那段温暖的日子里,总是有一个挥之不去的身影。定睛一瞧,那是爸爸每天傍晚接我放学的身影。到了初三,下午添加了第四节课,每晚放学，路旁的灯早已亮了，爸爸便揽下了接我放学的重任。每天傍晚，走出校门，向学校门口那盏路灯看去，就会看到灯下爸爸寻找我的身影。他微弓着背，眉间有个结，四处张望着寻找我，眼中满是焦急。看到我，他眉头的那个结打开了，焦急消失。我小跑过去，他用有力的大手拍了拍我的肩膀，眼中满是温柔。他黝黑的皮肤，发间一缕白丝在灯光衬托下格外刺眼。灯好像也通人意似的，撒下柔和温暖的灯光，在地上画上一长一短的影子，街旁花儿开了，香气四溢，夹杂着爸爸温柔的爱，夹杂着温暖的灯光，包裹着我整个人，包裹着我的心。我跨上车子，轻轻揽住爸爸腰，蜷缩在他身后，他将身子挺了挺，说声“坐稳了哦”，就开动了。那一刻，是那么的温暖，我是那么的幸福。

灯下，还有老师孜孜不倦给我们解题的倩影；灯下，还有同学间讨论难题与嬉戏的曼妙身影；灯下，还有朋友们化干戈为玉帛，释然一笑的欢乐情景……

妈妈的那碗小米粥，爸爸灯下接我放学的身影……我将它们制成一张张影片，珍藏起来，让那段温暖的日子定格，然后细细品味，品味……

【点评】本文取材于现实生活，所叙之事皆为小事，但很真实很生动，也很让人感动。妈妈为“我”熬小米粥，爸爸每天晚上接“我”回家，这些过程，小作者叙述得比较详细。也正因为有了这个较为细致的描述，这两件看似很平常的小事，才会产生一种撞击人心的力量。因此，善于描述，尤其会善于描写人物或事件中的一些细节，是记叙类文章产生感人力量的一个很重要的方面。

安徽省2014年初中语文学业水平考试试题分析

2014年中考语文试卷出题者用心良苦，“请君莫奏前朝曲，听唱新翻杨柳枝”，在坚持以往中考语文试卷风格的基础上，努力创新。尽管做到这一点很难，但他们义无反顾，在语文试卷的尺寸之地，迈出了坚实的脚步。不但能考查学生的学习效果，而且能引导师生在平时教学过程中注重对学生语文素养的培养，为一线老师今后教学提供了明确的方向。

现结合我市的评估情况进行如下分析：

一、2014年中考语文试题特点

(一)简。

大道至简。"清水出芙蓉,天然去雕饰",今年的试卷近乎自然,给人一种返璞归真之感。

1.简约。

题干语言简练,明白,晓畅,易懂,没有浮华造作之气,没有故弄玄虚之感,没有偏题怪题的疑云,题目指向明确,使考生即使在紧张的考试中也能很快把握题意,做出自己的解答。语文考试是中考的第一战,学生从考场出来,都觉得题目不难,显得信心十足,为下几科的考试奠定了良好的心理基础。这些无不体现了对学生的人文关怀。

2.简易。

现代文选文也关注了学生的认知水平。一篇是散文《红书包》,贴近学生生活,容易引起学生共鸣,在如何对待美的问题方面,能够给学生以人生的指导。一篇是议论文《成长是一件怎样的事》,阐述的是如何对待真理的问题,文章条理清楚,阅读难度不大。但都要求学生一定要读文章,一定要把文章读懂,才能做出满意的解答。这启示语文老师在平时的教学和复习中引导学生读文章,而且要读懂文章。语文学习最重要的两块是阅读和写作,如果平时学习时不读不写,或者少读少写,却能够取得好成绩,这是对语文试题评估的一种嘲讽。

(二)全。

试卷考查较全面,出题者多方出击,努力做到立体式检验考生的语文水平。出题者依据语文课程标准,根据语文的特点,听说读写都有考查,有古诗文名句名篇的默写,和对字音、字形、词义、修辞的考查题;有名著阅读题;也有分析材料题、口语表达题和病句修改题。现代文阅读,有对文章内容的概括,有对结构内容的把握,有对词语作用的探讨,有对文章修改的分析。现代文阅读考查了记叙文和议论文,对说明文的考查出现在第一大题的第2题,是介绍动物习性的短文。试卷以知识考查为主导,融能力测试于一炉,多方面、多角度地设计题目,语文味浓。如果平时不注重对学生语文素养的培养,要想取得好成绩也不是那么容易的。

(三)新。

今年的试题有几项突破,让人耳目一新。

1.试题之新。

综合性活动考查以现代诗歌的形式出现,考查了诗歌的朗读节奏,根据诗意补写诗句,以及在活动中需要解决的问题,这是安徽省以前的中考试卷所没有的。以前的试卷除了考查古代诗文的默写,就再也看不见诗歌的美丽倩影。中国是一个诗歌的王国,除了精炼含蓄的古诗以外,现代诗也很繁荣。在语文试卷上怎能让“所谓伊人”,老是“在水一方”呢?今年的试卷无疑弥补了这一缺憾,让人眼前一亮。

久违的选择题出现在试卷中。现代文阅读出现了两题选择题,分别是第6题的选词填空,第10题的段落层次的划分。一方面与高考接轨,一方面降低了试题的难度,也使试题的形式多样化,同时为阅卷工作提供了便利。

两篇现代文阅读都考查了对文章思路和层次的把握,这在以前的中考题中是罕见的。

2.导向之新。

许多语文老师看到今年的试卷,都不由得发出轻叹:我们津津乐道的解题技巧派不上用场!今年的试卷阅读理解题的设计有一个明确的导向,就是一定要看文章,读懂意思,才能做出正确的解答,回避了一些概念化、程式化的解题套路。这种导向具有积极的意义,引导语文阅读教学走上正确的轨道,避免语文教学变成刻板的解题课,走出机械化教学的误区,利于培养学生对文本的感知和理解能力。

(四)瑕。

这份试卷,呈现给我们的是诸多的美感,它的独特风格,它的独出心裁,让我们赞赏,犹如迎面而来的清爽的风,然而也有一些很明显的不足。

(1)从整个试卷来看,注重知识和技能的考查,阅读理解没有个性表达的题目,也没有思辨性的题目,不能很好地反映学生的“情感、态度和价值观”。

(2)有过于简单的题目。如第2题第(3)小题:“将③画线的两个句子改写成一个句子。”对于初中学生来说，几乎不要动什么脑筋，就能做出来。第3题的名著考查，设题简单，《朝花夕拾》填写“鲁迅”和“藤野先生”，《钢铁是怎样炼成的》填写书名和主人公。

名著阅读一直是中考试卷的保留项目，其用意是要引导学生看名著，要达到这种效果，不能如此简单化处理。

二、语文试题所涉及的考点和能力层次分析

试卷形式和往年一样，板块清晰，有“语文积累与综合运用”“阅读”“写作”和“卷面书写”四大板块。

第一板块“语文积累与综合运用”共35分，设有4题，简洁明了。

第二板块是阅读。两篇现代文，一篇文言文。共14道题。满分55分。

第三板块为写作部分，题型为命题作文，题目为《说说我自己》，每个学生都有话可写，给考生较大的发挥空间。满分55分，能力层级D级。

另外，试卷还设置了“卷面书写”，满分5分。这一评估措施，有利于引导中学生养成良好的书写习惯。

三、学生主要失分题及原因分析

第一大题“语文积累与综合运用”部分。

第1题古诗文名篇的默写，仍然有不少同学失分。主要是写错字，如“潮平两岸阔”的“潮”写成“朝”，“家书抵万金”的“抵”写成“低”或者少一点，“黑云压城城欲摧”的“摧”写成“催”等，主要原因是学生死记硬背而不解其意。个别考生在默写时，字迹潦草、模糊、难以辨认而扣分。这就要求老师在今后的教学中对学生加强写字训练，做到规范、清楚。

第4题综合性学习考查，第(1)题，朗诵诗歌要把握节奏，请用“／”为下面诗句标明停顿。(要求：只标一处，标在恰当位置)有的考生没有看括号里的要求，多划了“／”而扣分。第(2)题有的考生补写的诗句不合情理导致失分。

第二大题“阅读”部分。

叙事散文阅读。

第7题对梳理文章的思路，失分较多的原因是不能有效筛选和整合信息，概括能力不强。

第8题许多考生不能审清题意，从“情节发展的角度”回答问题。

第9题写读后的启示，许多学生不能整合全面的内容来回答，不能多角度思考问题，因而答案不全面。

议论文阅读。

第12题要求分析文中提到“中国学者”的作用。其实是要学生从写作手法的角度思考问题，有的学生缺乏文本意识，回答空洞，不能联系原文组织答案。

第13题，要求概括文章的主要观点，得分较低，原因是学生不能整合全文内容。

文言文阅读。

第14题解释加点词在文中的意思，许多学生失分，是因为不能理解词义，死记硬背而瞎写。

第17题是怎样理解“莲之爱，同予者何人”，许多学生不能把握文章的主旨、理解作者的思想感情而失分。

第三大题作文部分。

今年是命题作文《说说我自己》，都有话可写，谁不了解自己呢？但是不少考生的作文思想境界不高，品味低下，另外还暴露出不会细致描写，不会生动表达生活的毛病。

四、2014年中考语文试卷成绩分析

2014年我市实际参加中考的总人数6745人，人均得分110.87分，最高分139.5分。全市130分以上151人，120分以上1999人，优秀率29.19%，90分以上6146人，及格率89.88%。

根据抽样调查，语文试卷各题得分情况见表7-1和表7-2：

表7-1　语文试卷得分情况抽样调查表一

题号	1	2	3	4	5	6	7	8	9	10
满分	10	9	4	12	3	3	6	4	6	4
得分	8.83	7.26	3.11	9.13	2.47	2.76	4.78	2.73	3.59	3.36
得分率	0.88	0.81	0.78	0.76	0.82	0.92	0.79	0.68	0.60	0.84

续 表

题号	1	2	3	4	5	6	7	8	9	10
题号	11	12	13	14	15	16	17	18	19	
满分	4	6	4	5	4	2	4	55	5	
得分	2.68	4.52	2.63	3.72	3.21	1.88	2.74	39.12	4.21	
得分率	0.67	0.75	0.66	0.74	0.80	0.94	0.69	0.71	0.84	

表 7–2　语文试卷得分情况抽样调查表二

名称		满分	平均得分	难度系数
语文积累与综合运用		35	28.35	0.81
阅读	叙事散文	22	16.73	0.76
	议论文	18	13.19	0.73
	文言文	15	11.55	0.77
作文		55	39.12	0.71
卷面书写		5	4.21	0.84

五、2014年的语文试题对今后语文教学和教研的启示

1. 要着实培养学生的语文素养。在语文教学中，老师要根据语文课程标准，认真实施课程改革，做学生学习的引导者、组织者，把课堂还给学生，让学生做学习的主人，此外还要引导和组织学生开阔视野，阅读名著和时文，扩大学生的阅读量，把学生从烦琐的习题中解放出来，为学生的终身发展打下坚实的基础。

2. 要着重培养学生的阅读理解能力，要引导学生读懂文章，能够整体感知文章的内容，把握文章的思路和层次，不能纠缠于局部和细节。

3. 要写好作文，必先做好人，培养学生高雅的情趣、高尚的情操，沉醉于"吃喝玩乐"的作文，无论文笔多生动，也不会得高分。作文教学要积极引导学生关注生活，培养他们多角度观察生活的能力，能发现生活的丰富多彩。教师要引导学生做好素材的积累，激发他们的写作兴趣，让他们体会到语言的魅力，热爱祖国语言，并能够运用语言生动表达生活，准确表达自己的思想，真挚抒写对生活的感悟和思考。

4.要加强语文综合性学习。

5.要领会网上阅卷的特点。要求考生在答题区域答题,书写规范,字迹清楚,字体适中,尽量减少涂改。

六、组织竞赛

正确开展教学竞赛，可以激发教职工尤其是青年教师奋发向上的青春活力，鼓励教师以赛促学、以赛促教、以赛促研。我们每年都组织开展学科教学竞赛，形式上有教学基本功比赛、优质课竞赛、演讲比赛等。

1.制度保障

为了保证各项竞赛的顺利实施，我们制定了《桐城市优质课竞赛管理制度》，设计了《桐城市中小学教师优质课竞赛（说课）评分表》和《桐城市中小学优质课竞赛评分表》，从程序上规范竞赛过程，保证竞赛结果的公平、公正、公开。

桐城市优质课竞赛管理制度

一、组织参加省、安庆市级教师优质课竞赛，按上级有关文件规定执行。

二、桐城市教师优质课竞赛（含各类基本功教学大赛），由我室各学科组织，每年开展一次，根据具体情况，具体见表1。初赛以笔试、说课、借班上课等形式进行，决赛要求采用借班上课的形式。

三、分管主任负责优质课竞赛的全过程，并按有关规定成立评审组，做到规范操作。

四、每学科每次优质课竞赛的获奖比例为，一等奖占获奖总数的15%、二等奖占35%、三等奖占50%。具体见表2。

五、说课比赛应安排到“三定备课”活动和有关教研会议中进行，不得再单独组织说课比赛。

六、优质课竞赛不得以组织观摩的形式收取任何费用，参加观摩的教师食宿自理，竞赛组委会不统一安排。

表1　桐城市中小学教师优质课竞赛（说课）评分表

学科：　　　　　　　　　　授课入签号：

考评课（分值）	评分要点	满分	评委评分
教学内容（30分）	内容分析恰当，明确教学内容在整体知识结构中的地位及前后联系	10	
	对教材的组织和处理合理，突出重点、难点	10	
	重视教学过程中知识与技能、过程与方法、情感态度与价值观的落实、形成和培养	10	
教法学法（20分）	能运用多种方法和手段启迪学生思考，让学生自主获取知识，积极探索问题、主动参与实践，实现有效的师生互动	10	
	正确处理主导与主体的关系，充分调动学生学习的主动性、积极性	10	
教学过程（30分）	教学环节清晰，层次分明，符合学生认知规律	10	
	教学体现学生主体性，根据内容合理设置学生的学习活动	10	
	具有依据课堂实际调控教学活动的意识和能力，能够适度、有效运用教学资源	10	
教师素质（20分）	使用普通话教学，语言流畅，有感染力	10	
	教态自然亲切，衣着仪表端庄得体，充满教学热情和信心	10	
总分			
评委评语			

评委签名：

年　月　日

表2　桐城市中小学优质课竞赛评分表

学段　　　学科　　　抽签号　　　　年　月　日

<table>
<tr><td colspan="8"></td></tr>
<tr><td rowspan="8">无生上课（80分）</td><td rowspan="2">评分要素</td><td rowspan="2">评分要点</td><td rowspan="2">分值</td><td colspan="3">评分等级</td><td rowspan="2">要素评分</td></tr>
<tr><td>好</td><td>中</td><td>差</td></tr>
<tr><td>教学目标</td><td>教学目标明确、具体，符合新课程理念，教学要求符合学生实际</td><td>15</td><td>12~15</td><td>8~11</td><td>1~7</td><td></td></tr>
<tr><td>教学内容</td><td>1.教学密切联系学生实际，关注学生已有知识与经验；2.教学重点、难点定位准确，处理得当；3.重视三维目标的落实、形成与培养</td><td>20</td><td>16~20</td><td>10~15</td><td>1~9</td><td></td></tr>
<tr><td>教学方法</td><td>1.能运用多种方法和手段让学生获取知识，主动参与实践，实现有效的师生互动；2.教给学生合适的学习方法，促进学生个性和能力发展</td><td>15</td><td>12~15</td><td>8~11</td><td>1~7</td><td></td></tr>
<tr><td>教学程序</td><td>1.有驾驭教材的能力，能突出重点，突破难点；2.教学整体安排合理，教学环节紧凑，层次清晰；3.体现课程教学的生成性，教学有特色</td><td>20</td><td>16~20</td><td>10~15</td><td>1~9</td><td></td></tr>
<tr><td>基本素养</td><td>1.语言标准、简练、生动，教态自然；2.板书工整，设计合理，重点突出</td><td>10</td><td>8~10</td><td>6~7</td><td>1~5</td><td></td></tr>
<tr><td colspan="2">合计</td><td colspan="5"></td></tr>
<tr><td rowspan="6">答辩（20分）</td><td rowspan="2">评分要素</td><td rowspan="2">评分要点</td><td rowspan="2">分值</td><td colspan="3">评分等级</td><td rowspan="2">要素评分</td></tr>
<tr><td>好</td><td>中</td><td>差</td></tr>
<tr><td>知识背景</td><td>知识广博，有扎实的专业基础，兴趣广泛，特长突出</td><td>10</td><td>8~10</td><td>6~7</td><td>1~5</td><td></td></tr>
<tr><td>逻辑思维</td><td>思路清晰，层次分明，根据问题回答流畅、正确、有条理</td><td>5</td><td>4~5</td><td>3~4</td><td>1~2</td><td></td></tr>
<tr><td>语言能力</td><td>普通话水平高，语言简捷、明确、逻辑性强，具有感染力</td><td>5</td><td>4~5</td><td>3~4</td><td>1~2</td><td></td></tr>
<tr><td colspan="2">合计</td><td colspan="5"></td></tr>
<tr><td>说明</td><td colspan="7">总分：________</td></tr>
</table>

评委签名：____________________

2. 竞赛程序

一般先分名额到直管学校和学区，在学校和学区先进行选拔赛，这样可以推动基层学校形成良好的教研氛围。如优质课竞赛，分学科组织，时间在每年的三月至五月和十月至十二月。评审程序是先分名额到直管学校和学区，由学校、学区负责组织初审，45周岁以下的授课教师全员参与。经过初审选拔赛之后，我们教研室组织市级赛课。市级赛课一般分两个层次进行，先进行复赛，形式是说课或者无生上课，选出前6名选手；再进行决赛，形式是借班上课。最后将前3名选手推荐到安庆市教研室，参加安庆市级优质课评审。在参加安庆市级比赛的准备阶段，我们教研室的教研员就要邀请市内学科名师组成专业团队，帮助入围的3名教师磨课。磨课的过程，就是全体参与人员专业提升的最佳过程，常常是1人参赛，全组成员素质得到集体提升。

3. 成果突出

由于领导重视，措施得力，我们每年都有不少教师在安庆市、安徽省级竞赛中获得等级奖。

七、评审推进

为了建立和完善教师专业发展的区域推进机制，加快教师专业成长的步伐，我们大力推进评审法的运用。主要有两个方面的评审工作：一是教育教学论文评审、课件评审和教育教学案例评审工作；二是市级骨干教师和学科带头人评审工作。

为了规范评审程序，公平公正地进行评审工作，我们专门制定了《桐城市中小学教师教育教学论文评审管理制度》《桐城市中小学学科带头人、骨干教师评审标准》《桐城市中小学学科带头人、骨干教师评选和管理办法》，公开透明，社会反响良好。

桐城市中小学教师教育教学论文评审管理制度

一、参加省级及安庆市级论文评审活动，按上级有关文件规定执行。

二、桐城市论文评审（含教学案例等评审），每学科每学年开展一次。各学科要成立3—5人的论文评审专家组，按程序规范操作，公正评审。分管主任负责论文评选的全过程。

三、每学科参评论文的获奖比例原则上是，一等奖占获奖论文总数的20%、二等奖占35%、三等奖占45%。

四、各学科在论文评选过程中，应坚持质量第一，根据论文的水平，实事求是地确定获奖论文等级和篇数。一等奖论文全部上网查重，不达标的一律取消参评资格。

五、各学科参评的论文都必须送交办公室，由专人登记后再予评审，实行统一管理。

六、论文评审不收费。

桐城市中小学学科带头人、骨干教师评审标准(修订试行)

为规范我市中小学学科带头人、骨干教师评选工作,根据《桐城市中小学学科带头人、骨干教师评选和管理办法》,制订本评审标准。

一、申报条件

(一)申报市级骨干教师的,除应具备《桐城市中小学学科带头人、骨干教师评选和管理办法》中规定的基本条件外,还应具备以下条件:

1.申报学科与任教学科一致;

2.近3学年来,承担教育教学工作,教学工作量饱满。其中:学校领导班子成员课时数不少于本校专任教师平均课时数的四分之一,二级机构管理人员课时数不少于本校专任教师平均课时数的三分之一。教研、电教部门的教研员、电教员按岗位职责出满勤,且至今仍在教研、电教岗位上;

3.近5学年来因教育教学(含德育工作、班级管理工作)成绩突出,受到学校(农村小学为中心学校、中心小学。下同)以上表彰;

4.近3学年来执教校级及以上公开课二次以上;

5.推荐为市级(市级系指我市,地市级一律表述为安庆市级。下同)骨干教师的人选必须是校级学科带头人或骨干教师,且原则上近5学年来担任班主任(含团委、少先队辅导员、二级机构及以上管理人员)2年以上;

6.近5学年来在各级学术期刊上(学术期刊指正刊,不含报纸、论文集、副刊、增刊,下同)发表过有一定质量的本学科教育教学论文。

(二)申报市级学科带头人的,除应具备市级骨干教师所具备的条件外,还必须具备下列条件:

1.推荐为市级学科带头人的人选必须是市级骨干教师和校级学科带头人;

2.小学必须取得小学高级教师任职资格,中学必须取得中学一级教师任职资格(获市级及以上综合表彰,或市级及以上"教坛新星""教学能手",或市级优质课竞赛一等奖,或安庆市级及以上优质课竞赛三等奖以上者,可放宽到取得小学一级、中学二级教师任职资格);

3. 近3学年来，教育教学工作成绩优秀，并符合下列条件之一：①所教学生在学业水平考试等市级及以上教育部门统一命题、统一阅卷的教育教学质量检测中，平均成绩居前列（农村小学以中心学校、中心小学作为比较单位，初中、高中以同级同科作为比较单位）；②在学校统一组织、统一阅卷的教学质量检测中，全班平均成绩达到优秀等次；③近3学年来，所直接辅导的学生参加省教育行政部门批准的高中学科竞赛获得过安庆市级二等奖以上的；④所直接辅导（指导）的学生参加市级以上教育行政部门举办的文艺汇演、会展或体育比赛获得过等次奖（体育比赛前6名，下同）；⑤获得市级及以上"教坛新星"或"教学能手"称号的；⑥教师本人在市级及以上教育行政部门举办的优质课评选等教学竞赛中获得过等次奖；

4. 近5学年来，教育科研方面符合下列条件之一：①在同时具备CN刊号、ISSN刊号、邮发代号的学术期刊上发表本学科学术论文1篇；②在安庆市级及以上内刊上发表本学科的学术论文2篇以上；③在市级学术内刊上发表本学科学术论文3篇以上；④获省级以上教育部门评选的本学科学术论文等次奖1篇；⑤安庆市级教育部门评选的本学科学术论文等次奖2篇以上；⑥出版过与本学科有关的教育教学方面的学术专著（含受聘参加市级及以上教育行政部门组织的地方课程等编写工作，经省教材审定委员会审查通过，并在市以上范围内推广使用或公开出版）；⑦主持与本学科一致的市级课题研究；⑧参与安庆市级及以上的本学科课题研究。

二、教育教学能力和教科研水平量化考评标准

在基本条件完全符合的情况下，对参评教师进行教育教学能力和教科研水平量化评分。

（一）教育教学方面。（60分）

1. 备课。（15分）

提供经学校验证的本学年度原始、完整的教学设计，并从中自选2–3份最能反映本人水平和特色的原始的教学设计。

（1）教学设计数量符合课时量要求的，计5分，否则不计分。

（2）教学设计质量10分，按以下等次评分：

一等:教学设计完整,步骤清晰,重点突出,能体现新课程改革的理念,有课例分析、有教学反思,具有一定的特色和示范作用(7–10分)。

二等:教学设计完整,步骤清晰,重点突出,有课例分析、有教学反思(4–6分)。

三等:教学设计完整、步骤清晰(1–3分)。

教学设计不完整的不计分。

2.考评课。(25分)

提供基层单位密封签章的申报当年的课堂教学能力考核(考评课)材料。

(1)学设计或说课演讲稿。(15分)

根据所提供的教学设计或说课演讲稿,分为15分、10分、7分三个等次计分。

(2)说课或演讲。(10分)

根据评委所给平均分按10分制折算计分。

3.教育教学成果。(10分)

(1)学生成绩。(5分)

近3学年来,所教班级学生在市以上统一组织命题、统一阅卷的考试中,至少有两次平均成绩(农村小学以中心学校、中心小学为比较单位,初中、高中以同级同科为比较单位)居前三分之一位次的,得5分,否则不得分。

(2)辅导的学生参赛获奖。(5分)

A.近5学年来,辅导学生参加省教育行政部门批准的学科竞赛获奖:

国家级1人次5分。

省级1人次:一等奖4分,二等奖3分,三等奖2分。

安庆市级1人次:一等奖2分,二等奖1分。

B.近5学年来,辅导(指导)学生参加安庆市级以上的教育部门举办的文艺汇演、汇展或体育比赛中获奖:

国家级1人次5分。

省级1人次:一等奖4分,二等奖3分,三等奖2分。

安庆市级1人次:一等奖2分,二等奖1分,三等奖0.5分。

体育比赛前2名视为一等奖、3–4名视为二等奖、5–6名视为三等奖。

以上按最高分计分，不累计计分。

4.班主任、团队、教育管理工作。(10分)

A.有计划、有工作实录、措施、总结，工作确有一定实效，获得国家、省、安庆市、市、学校表彰，分别计分10分、9分、8分、7分、6分。

B.有计划、有工作实录、措施、总结，工作开展正常，无重大工作失误，计1–5分。

以上按最高分计分，不累计计分。

(二)教科研方面。(40分)

1.论文。(10分)

(1)近5学年来，正式出版教育教学领域内本学科学术专著一本，计10分，合著者主编5分，参与者3分。

(2)近5学年来，在不同级别的正式学术期刊(有CN或ISSN刊号)或教育部门(学校)的教研内刊上发表的有一定质量的本学科教育教学论文。

在同时具备CN刊号、ISSN刊号、邮发代号的期刊上发表本学科教育教学论文的每篇6分；教育部门(学校)教研刊物上发表的：国家级5分，省级4分，安庆市级3分，市级2分，校级1分。

(3)近5学年来，在不同级别的教育部门(学校)的论文评奖中获等次奖的论文。

国家级1篇5分，省级1篇4分，安庆市级1篇3分，市级1篇2分，校级1篇1分。

同一篇论文在不同级别中获奖的，按奖项最高的计分。

以上三项累计得分不超过10分

2.课题研究。(10分)

近5学年来，参加课题研究，课题系市级及以上教育主管部门批准立项，批准立项手续齐全的，国家级10分，省级8分，安庆市级5分，市级2分。

课题立项的，按20%权重分级别赋分；

课题研究取得阶段性成果并被评审工作委员会办公室认可的，按40%权重分级别赋分；

课题已结题的，得相应级别的满分。

参与多个课题研究的，可累计得分，但本项得分最高不超过10分。

3.教学评比。(10分)

近5学年来在各级教育部门(学校)举办的教坛新星(教学能手)、优质课评选等教学竞赛或汇报演出、汇展中获得等次奖的：

省级教坛新星8分，安庆市级教坛新星6分，市级教坛新星(教学能手)4分。

教学竞赛或汇报演出、会展获奖的：

国家级1次8分。

省级一等奖1次7分，二等奖1次6分，三等奖1次5分。

安庆市级一等奖1次5分，二等奖1次4分，三等奖一次3分。

市级一等奖1次3分，二等奖1次2分，三等奖1次1分，校级一等奖1次1分。

上述两项，累计得分不超过10分。

4.公开课、示范课、学术讲座。(5分)

近3学年来承担学校以上的公开课、示范课、专题学术讲座(报告)，并获得一致好评的：

安庆市级1次3分、市级1次2分、学校级1次1分。累计得分不超过5分。

5.辅导青年教师。(5分)

近3学年来，直接辅导的本学科青年教师，在教学上获等次奖或发表论文的：

省级1次2分、安庆市级1次1分、市级1次0.5分。累计得分不超过5分。

(三)附加分。(10分)

1.近5学年来获得各级政府或教育行政部门综合表彰，被授予"劳动模范""先进个人""模范教师""优秀教师"等荣誉称号的，国家级1次10分，省级1次8分，安庆市级1次5分，市级1次3分；

2.近5学年来在师德建设和教育教学相关的单项工作中有突出贡献，受到各级教育行政部门表彰的，教育部1次6分，省教育厅1次4分，安庆市教育局1次3分，市教育局1次2分。

3.近5学年来在教师绩效考核中获优秀等次的，每次加2分。

4.学历比规定要求每高一个层次，加2分。

以上四项累计得分不超过10分。

教研室，电教站教研员、电教员具体评审标准另行制定。

三、规范评审

1.教育教学论文评审、课件评审和教育教学案例评审，每年暑假集中评审一次。一般在每年4月份拟发评审通知，7月中旬成立评审委员会，抽调骨干教师组成学科评审组，评审结果在教育局网站公示，颁发获奖证书。。

2.市级骨干教师和学科带头人评选。这项工作每3年举办一次。每次评选市级学科带头人100名，市级骨干教师360名。我们全体教研员高度重视，积极参与。我们到基层学校积极宣讲“考评标准”，让广大教师明确评选的范围、对象和条件，鼓励符合推荐条件的教师积极申报。可以好不夸张的说，市级骨干教师和学科带头人评选工作，是教师专业成长的催化剂。一大批名师从他们中间脱颖而出。

四、加强过程管理。

为了持续推进教师的专业成长工作，我们注重跟踪管理，学科带头人、骨干教师实行任期制，我们重点抓了任期考核督查，专门制定了《桐城市中小学学科带头人、骨干教师评选和管理办法》，明确规定市级学科带头人和骨干教师实行动态管理，不搞终身制，每届任期三年，每三年评选一次。要求连任的，应当提供上一届任期内履行职责的有关材料由市评审工作委员会重新认定，不占用当届该学科推荐名额。《桐城市中小学学科带头人、骨干教师评选(修订试行)》全文如下：

桐城市中小学学科带头人、骨干教师评选和管理办法(修订试行)

为进一步加强我市中小学教师队伍建设，加速建立一支以特级教师、学科带头人、教坛新星为主干的骨干教师队伍，激励广大教师爱岗敬业、积极进取，促进我市中小学教师队伍素质的整体提高，根据省、安庆市有关文件精神，特制定《桐城市中小学学科带头人、骨干教师评选和管理办法》。

一、评选范围和条件

（一）评选范围。

市级（市级系指我市，地市级一律表述为安庆市级。下同）学科带头人、骨干教师评选范围为我市中小学、幼儿园（含特教、职教、民办学校）的在职教师及教研、电教部门的教研员、电教员。各单位推荐时应充分考虑学科结构和不同岗位，以教学一线的中青年教师为主。

（二）基本条件。

1. 具有相应的教师资格；

2. 师德高尚，身体健康；

3. 按规定要求完成继续教育培训学习，年审合格；

4. 模范遵守法律法规和各项规章制度以及《中小学教师职业道德规范》和《安庆市中小学教师行为“八不准”》；

5. 教育教学能力和教育科研能力强，教育教学业绩突出。

（三）近3学年内，有下列情况之一者，不得评选中小学学科带头人、骨干教师：

1. 受到党纪或政纪处分的；

2. 年度考核为基本合格及以下等次的（含不定等次的，下同）；

3. 不服从分配，不遵守纪律，给工作造成较大损失或不良影响，或病、事假累计超过半年以上，不能履行教师职责的；

4. 有违反《中小学教师职业道德规范》或《安庆市中小学教师行为“八不准”》行为的。

二、选拔原则与评选程序

（一）选拔原则。

中小学学科带头人和骨干教师的评选应坚持公开、公正、竞争、择优和宁缺毋滥的原则，采取自下而上，逐级评选的办法。市级学科带头人、骨干教师必须通过学校评选逐级产生。评选、推荐工作要采取多种形式广泛听取教职工意见，不得采取指定方式确定推荐人选。确定的推荐人选必须在本单位公示七个工作日，无异议后方可上报。

（二）评选程序。

市教育局成立评审工作委员会，指导全市学科带头人和骨干教师评审及推荐工作。评审工作委员会下设办公室，具体组织有关专家对各单位推荐人选进行材料审核考评、课堂教学能力考核等业务工作。各学校也要成立相应的评选组织，负责本单位的评选、推荐工作。

（1）各单位根据分配的推荐名额和相关规定评选确定推荐人选后，分别填写《桐城市中小学学科带头人、骨干教师评审表》《桐城市中小学学科带头人、骨干教师推荐人选简明登记表》，在规定日期内上报市教育局人事科。上报时还必须附个人相关评审材料。

（2）由市评审工作委员会办公室组织专家审核参评教师材料，组织有关考评，进行量化打分。根据得分情况分学科确定市级骨干教师的初选人员。

（3）市评审工作委员会办公室在市级骨干教师初选人员中，择取符合市级学科带头人参评条件的，依得分高低按推荐名额的150%的比例，确定市级学科带头人入围人员，参加课堂教学能力考核。获得省、安庆市“教坛新星”称号，或近五学年来在省级及以上优质课评选中获等次奖，或本人在省级汇报演出、会展中获等次奖的，可免于课堂教学能力考核环节，其课堂教学能力将被直接认定为“优秀”等次。

课堂教学能力考核分学科进行，参评教师先携带教材和教师用书，到指定的地点抽题进行备课，然后进行课堂教学能力考核。

课堂教学主要考察参评教师在教学中体现新课程改革的理念，贯彻课程标准情况；教学重难点的处理、教学内容的组织、学生学习能力培养情况；教学方法的选择和运用、课堂教学的组织、教学过程的安排与调控、师生互动及教学民主情况；口语表达、教态表现、板书、讲解技巧及运用现代教育技术辅助教学的情况；课堂气氛、学生对课程的理解、学习的积极性与主动性等方面情况。

(4)市评审工作委员会在参与课堂教学能力考核的人员中,根据其课堂教学能力考核情况实施按得分高低顺序等额确定市级学科带头人初选人员名单,对入选的市级骨干教师、市级学科带头人初选人员名单进行公示,然后公布评选结果。

三、职责和待遇

桐城市中小学学科带头人和骨干教师是既有先进性,又具有专业性的称号。市教育局对当选人员分别授予"桐城市中、小学学科带头人""桐城市中、小学骨干教师"称号,并颁发证书(有效期为三年)。

(一)市级骨干教师。

1.应履行的职责:市级骨干教师所授课时应不低于本校教师平均工作量,每学期应上一节以上校级(校际)示范课,任期内培养1-2名青年教师成为校级骨干教师。

2.可享受的待遇:市级骨干教师具有申报政府特殊津贴、市级学科带头人和参加市教育局组织的各项评审工作的资格及优先推荐参评安庆市骨干教师的资格,任期内参加市级骨干教师培训的资格。

(二)市级学科带头人。

1.应履行的职责:

(1)积极参加教育教学理论和课程改革研究,掌握本学科现代教育技术和教研前沿动态,每学年在校级及校际作一场以上的研究性报告;

(2)高质量完成学校安排的教学任务,保持较高的教学水平,实行"开门上课",每学年至少上2节以上校际示范课(观摩课、研究课);

(3)认真研究本校本地区或本学科教育教学中的问题,任期内,在市级及以上学术期刊发表研究论文或调研报告1篇以上;

(4)任期内积极参加送教下乡或帮教活动,培养1—2名青年教师,具体要求见安庆市教育局《关于选派城镇学校教师到农村薄弱学校支教工作的通知》;

(5)无特殊情况,对有关部门安排的或相关学校邀请参加的学术活动不得推辞、拒绝。

2.可享受的待遇：

(1)具有申报国务院、省、市政府特殊津贴和优先申报省、安庆市学科带头人的资格和参加市教育局组织的各项评审工作的资格；

(2)优先安排较高层次的培训、进修与考察；

(3)优先安排承担市级以上教育科研课题研究；

(4)优先申报评聘高一级专业技术职务；

(5)优先晋升专业技术岗位等级；

(6)享受政策规定的其他待遇。

四、管理办法

(一)学科带头人和骨干教师的日常管理和履行职责情况，由各学校负责考核，其工作实绩和考核情况均记入本人的业务档案。

(二)市级学科带头人和骨干教师实行动态管理，不搞终身制，每届任期三年，每三年评选一次。要求连任的，应当提供上一届任期内履行职责的有关材料由市评审工作委员会重新认定，不占用当届该学科推荐名额。

(三)学科带头人或骨干教师有下列情形之一者，由学校报市评审工作委员会批准，取消其称号，不再享受其待遇：

1.被查实申报弄虚作假的。

2.任期内调出本市或调离相应层次教育教学岗位，不能履行职责的；

3.不服从学校管理私自离岗的；

4.任期内有违法违纪行为，或不履行岗位职责，或年度考核基本合格及以下等次的；

5.违反《中小学教师职业道德规范》和《安庆市中小学教师行为“八不准”》，并经查实的。

五、各学校可参照此办法，结合实际，制定本单位学科带头人、骨干教师评选办法，报市教育局备案。

八、城乡联动

因为教学各方面条件的不同，目前城乡之间的教育教学发展还不均衡。为了更快、更好地促进乡村教育蓬勃发展，我们积极推进城乡联动法，选择城区的优质学校与乡村薄弱学校结成“对子”，“一拖一”或者“一拖二”，城区的四所小学和两所规模大的初中与12个学区结对发展。在教育局领导的支持下，乡村薄弱学校的教师可以到城区学校“跟岗学习”，城里学校的骨干教师可以到乡村薄弱学校“支教”。特别是教学管理人员的交流学习，较好地促进了乡村学校常规教学管理的规范化，也带动了办学行为的规范化。

为了推进教研工作城乡联动常态化进行，在义务教育学段，我们教研室探索建立了教研员联系学区和直管学校的教研制度。教研室17名学科教研员每人联系一个学区、两个直管学校(见表1)。通过教研员这个纽带，把城乡学校联系在一起。每学年城区直管学校都要举办一次教学开放日，面向全市同类型学校开放。

就我们课题组来说，实施城乡联动法，更多的是开展具体的教研活动，主要形式是送教下乡、送培下乡。我们将城区名师组织起来，到乡村学校举办名师公开课、示范课，开办各种主题论坛。有时举办同课异构活动，选择共同的课题，由城区教师和乡村教师分别独立上课，课后召开反思会、座谈会。这种形式深受一线教师喜爱。

表1　桐城市教研室联系学区和直管学校安排表

学区名称	学区管理委员会主任	联系教研员
城郊学区、碧峰学校	祖先苗	华朝阳
大关镇学区、东关小学	陈世界	孙淑珍
吕亭镇学区、龙眠小学	李良月	束茂松
孔城镇学区、北街小学	吴义翀	汪桂生

续 表

学区名称	学区管理委员会主任	联系教研员
嬉子湖镇学区、同安小学	项陆青	江　进
金神镇学区、桐城二中、黄岗初中	钱叶春	朱正茂 方四建
范岗镇学区、实验小学	叶东辉	叶群武
新渡镇学区、实验中学	胡中才	陈荣跃
双港镇学区、南演初中	汪江文	刘佳林
青草镇学区、龙腾一小	华跃武	汪辉林
唐湾镇学区、文昌小学	段金生	徐尚祥
黄甲镇学区、龙腾二小	光作才	余仁理

联系人工作职责：

①做好教育局教研室和学区管理委员会的联系工作；

②指导学区制定学年和学期的教学、教研工作计划，并就计划的贯彻落实做好协调、督查工作；

③参与组织实施教育教学质量检测和考评工作；

④参与学区教研组建设和校本教研活动，发现、培养教学骨干；

⑤帮助学区积极申报省、市级立项课题，因地制宜开发校本课程；

⑥参与学区校园文化建设，指导学校发展特色教育。

关于开展“城乡联动，同课异构”活动的通知

各中心小学，市区各小学：

根据我室年度工作计划，决定开展2011年度小学“城乡联动，同课异构”教研活动，请各有关学校每学科选派1—2名骨干教师参加活动。本次活动由实验小学、东关小学与吕亭镇新店中心小学联合承办。现将教研活动安排通知如下：

一、活动时间、地点

时间：2011年4月22日上午8点开始

地点：吕亭镇新店中心小学

二、活动内容

1.同课异构观摩：

课题：4年级语文《丝绸之路》

上课教师：第一节汪婷《新店中心小学》，第二节魏文琴（东关小学）。

课题：4年级数学《用字母表示数》

上课教师：第一节胡娟娟（吕亭中心小学），第二节杨敏（实验小学）。

2.座谈交流：

主持人：语文学科陈国平，数学学科叶群武。

三、活动要求

1.请承办学校高度重视，精心组织，确保活动圆满成功。

2.请参加活动的同志于当日上午7点50分之前到达新店中心小学。

特此通知

桐城市教育局教学研究室

2011年4月7日

桐城市教育局“城乡联动、名师送教”活动安排

一、时间地点

时间：10月26日上午地点：桐城市金神中心小学

二、活动安排

1.名师送教

第一节8:45—9:25 数学《小熊开店》

上课人：樊庆庆（实验小学）

第二节9:50—10:30 语文《小抄写员》

上课人：朱娟（同安小学）

2.研讨交流（时间：10:40—12:00）

（1）金神中心小学吴鹏林校长致辞；

（2）执教老师教后反思；

(3)教研员与听课教师互动品评;

(4)教研室朱正茂主任讲话:以新课程的理念指导课堂教学

三、其他事项

1.金神学区要安排本学区小学语文、数学两科骨干教师全程参加活动。

2.实验小学、同安小学做好送教老师的服务工作。

3.请参加活动的全体同志于10月26日8:30以前到金神中心小学多媒体报告厅报到。

桐城市教育局教学研究室

2012年10月12日

关于组织名师工作室主持人、学科带头人送培下乡的通知

各有关小学:

为了充分发挥学科带头人的示范、辐射作用,切实提高农村和边远山区学校教师的课堂教学技能,提升常态课堂教育教学质量,经研究决定,于5月12日组织本市小学学段的安庆市名师工作室主持人、学科带头人开展第三期送培下乡活动,具体名单见表1和表2。现将有关事项通知如下:

送培承办学校:吕亭中心小学。

送培时间:5月12日上午。

请安庆市名师工作室主持人、学科带头人于5月12日上午7:20前到达吕亭中心小学。

执教人员教学安排:

本次送培活动根据指定教材内容上课,以单独授课和同课异构教学两种方式进行,名师工作室主持人、学科带头人所授课程提前两天告知。

参加活动人员:

送培名师工作室主持人、学科带头人、教育局教研员、送培学校负责人、承办学校及周边学校(卅铺中心小学、大关中心小学、新店中心小学、孔城中心小学)相应学科的50周岁以下教师、师训中心工作人员。

参加送培下乡活动为名师工作室主持人、学科带头人的职责，各有关学校对此项工作应予以支持配合，通知本校名师工作室主持人、学科带头人准时参加活动，被抽调参加活动的教师无特殊情况不得推辞。

接受（承办）学校要做好组织协调和各项准备工作。包括场地布置、教具、借用的班级、电脑等多媒体设备调试及参加活动人员的工作午餐等，同时安排本学区相应学科的50周岁以下教师参加听课、座谈。

周边学校参加活动教师的往返交通费，按照省财政厅有关规定，回所在单位报销。

附件：1. 第三期送培活动学科带头人名单（见表2）

2. 名师工作室主持人、学科带头人送培下乡第三期安排一览表（见表3）

桐城市教育局

2013年5月8日

表2　送培活动名师工作室主持人、学科带头人名单

序号	姓名	学校	学科	备注
1	张雪萍	桐城市实验小学	小学美术	安庆市学科带头人
2	程艮凤	桐城市实验小学	小学数学	名师工作室主持人
3	杨　敏	桐城市实验小学	小学数学	名师工作室主持人 安庆市学科带头人
4	樊庆庆	桐城市实验小学	小学数学	安庆市学科带头人
5	张　洁	桐城市实验小学	小学音乐	安庆市学科带头人
6	谢春慧	桐城市教育局教研室	小学英语	名师工作室主持人
7	汪桂生	桐城市教育局教研室	小学语文	安庆市学科带头人
8	魏文琴	桐城市东关小学	小学语文	名师工作室主持人
9	朱际红	桐城市东关小学	小学语文	安庆市学科带头人
10	吴德梅	桐城市吕亭中心小学	小学语文	安庆市学科带头人
11	程　伟	桐城市实验小学	小学语文	安庆市学科带头人
12	赵敬霞	桐城市实验小学	幼儿教育	安庆市学科带头人

表3　名师工作室主持人、学科带头人送培下乡第三期安排一览表

时间		学科	地点	活动内容	主持人（主讲人）	活动形式	联系人	备注
上午	7:20—8:00	全部	多功能教室	报到，领取活动材料袋			吴安源 倪桐芬 陈　凤	
	8:00—8:20	全部	多功能教室	召开准备会	局领导	集中	钱叶春 项增培	
	8:30—9:10	语文	201教室	二年级语文课《女娲补天》	朱际红	同课异构	余志生	本学区听课7人 外学区8人
		数学	601教室	六年级数学课《探索规律》	樊庆庆	单独授课	姚成中	本学区听课10人 外学区8人
		英语	602教室	六年级英语课《Unit4Thenand-now》PartA	石发瑞	单独授课	吴宽阳	本学区听课6人，外学区4人
		音乐	302教室	三年级音乐课《老师您好》	张　洁	单独授课	吴珊珊	本学区听课6人，外学区4人
		美术	301教室	三年级美术课《卵石动物造型》	张雪萍	单独授课	黄仲枝	本学区听课6人，外学区4人
		幼儿活动	大（二）班教室	《茉莉花》	赵敬霞	单独授课	张瑞华	本学区听课8人，外学区4人
	9:30—10:10	语文	202教室	二年级语文课《女娲补天》	吴德梅	同课异构	余志生	本学区听课7人，外学区8人
		数学	501教室	五年级数学课《包装的学问》	程艮凤	同课异构	姚成中	本学区听课10人，外学区8人

续　表

时间		学科	地点	活动内容	主持人（主讲人）	活动形式	联系人	备注
	9:30开始	英语	教务处	指导与交流	谢春慧		吴宽阳	
		音乐	会议室	指导与交流	钱叶春		吴珊珊	
		美术	多功能教室	指导与交流	项增培		黄仲枝	
		幼儿活动	大(二)班教室	指导与交流	吴安源		张瑞华	
	10:25—11:05	语文	401教室	四年级语文课《七子之歌》	魏文琴	同课异构	余志生	本学区听课7人，外学区8人
		数学	502教室	五年级数学课《包装的学问》	杨　敏	同课异构	姚成中	本学区听课10人，外学区8人
中午	11:20—13:00		待定	工作餐			项义青 陆武胜	
下午	14:15—14:55	语文	402教室	四年级语文课《七子之歌》	程　伟	同课异构	余志生	本学区听课7人外学区8人
	14:15开始	数学	会议室	指导与交流	叶群武		姚成中	
	15:10开始	语文	多功能教室	指导与交流	王存桂		余志生	

说明：

1. 所有课程均为新课，即该课第一课时。

2. 教室最大化安排，可容纳听课教师20人。

3. 外学区派语文、数学两学科教师各2人，英语、音乐、美术、幼儿教师1人参加此次活动。

九、师徒结对

为了加快青年教师专业成长步伐,发挥学校骨干教师引领示范作用,学校选择有丰富教学经验的名师与青年教师结成师徒关系,在工作岗位上名师对青年教师进行直接指导。现在桐城市直管学校、学区都在实施“青蓝工程”,鼓励引导青年教师三年站稳讲台,五年成为骨干,十年成为名师。市二中语文组朱新敏老师,他本人是安徽省特级教师,获得国务院津贴,他的徒弟中占淑红老师获得安徽省“教坛新星”称号,汪玉清老师成长为安庆市中学语文学科带头人。实验中学的方捍东老师,他本人是正高级教师,他的徒弟中盛雪老师在安徽省中学语文优质课竞赛中获得一等奖。可以说,师徒结对是青年教师快速成长的催化剂。

1. 青方职责

遵纪守法,恪守师德,教书育人,为人师表;认真钻研教育教学理论,认真执行教学常规,虚心学习,有疑必问;对指导教师的课应该随时进班听,第一年第一学期听20节课,以后每学期听10节课以上;每学期上一次汇报课,确定具体时间由青方列出详尽的计划通知蓝方及本组教师;每学期阅读1本教育理论专著,撰写1篇教育教学论文或总结。

2. 蓝方职责

在师德、工作态度、教学业务、班级管理等方面做出榜样;学期初指导青方订出学期教学计划,每学期随堂听青方课8节以上,课后及时评析,共同研究改进教法的措施;每学期指导青方学习一本有关教育教学理论图书,并指导青方结合实践写一篇教育教学论文或总结;指导青年教师每学期上一次汇报课或展示课；积极指导青方参加学校和上级组织的各项业务竞赛和交流活动。

桐城市学校师徒结对协议书

甲方：　　老师　乙方：　　老师

为加快青年教师成长，发挥我校骨干教师引领、辐射、示范作用，本着相互学习、相互提高、互动双赢、力争实效的原则，现签订师徒结对协议书如下。

一、总体目标

师傅应教会徒弟，徒弟跟师傅应学会：(1)如何备课(如何进行教学设计)；(2)如何说课、上课；(3)如何批改作业；(4)如何编制试卷；(5)如何进行(试卷、作业)讲评；(6)如何收集和使用教学资料；(7)如何进行课件制作；(8)如何进行课题研究；(9)如何建立新型师生关系等。

二、师傅(指导教师)的具体职责

1.每个月，师傅至少检查徒弟2个教案，且在教案后写出具体指导意见或改进方案，并将复印件交教务处。

2.每个月，师傅至少听徒弟2节课，作出评价，写出反馈意见，并将专用听课记录交教务处。

3.每个月，师傅至少要精心设计1个教案(详案)、开好1节示范课，供徒弟学习，并将教案复印件交教务处。

三、对徒弟(青年教师)的具体要求

1.徒弟(青年教师)教案须写详案。每个月，徒弟至少要提前准备2个教案请师傅检查，经师傅指导后，写出修改方案，并能明确教案的规范化写作。

2.每个月，徒弟至少对师傅开2节公开课，并主动、虚心听取师傅的指导，逐步改进课堂教学方法，提高课堂教学水平。

3.每星期，徒弟至少听1节课(可以听师傅的课，也可以听其他老师的课)。

4.徒弟在平时工作中，应虚心向师傅请教，不折不扣地完成师傅交给的项教学工作。

本协议书自签订之日起生效，协议期限为壹年。协议书一式三份，甲、乙各执一份，另常学校教务处存档。

甲(师傅)乙(徒弟)

学校印章

年　月　日

十、课题研究

课题研究是教师专业发展的基点，也是教师踏上“幸福的研究路”的必经之路。通过课题研究，教师能提升教育教学水平，从而激发学生热情、挖掘学生潜能、塑造学生人格，进而丰富自己的情感、满足自己的精神追求、提升自己的生命价值、实现自己的幸福理想。因此，我们积极组织各级各类学校教师申报省市级立项课题，以课题研究为抓手，团结一批骨干教师投身到教育科研中来，促进广大一线教师加快专业化成长的步伐。

1. 发布文件

为了规范课题研究的过程管理，提高基层学校申报课题的积极性，我们争取局领导支持，研究出台了《桐城市教育科研课题管理办法》，从课题选题、申报到研究、结题各环节，都明确了管理措施，细化了责任要求。文件全文如下：

桐城市教育科研课题管理办法

为加强教育科研课题的规范管理，推进中小学教育科研工作，促进全市教育教学水平的全面提高，特制订本办法。

一、课题选题与申报

1.教育科研课题的选择，应遵循教育要面向现代化、面向世界、面向未来的要求，适应新课程改革的需要，具有较强的实用性和推广价值，具有较高的理论水平。选题可参考安徽省教育科学研究院和安庆市教育科学研究所公布的“课题指南”。

2.每个研究课题原则上应有两名负责人。课题负责人必须是该项目的实际主持者和指导者，并在项目研究中担负实质性任务。

3.研究课题须经课题负责人所在单位领导审核同意方可申请立项。

4.课题负责人须具有高级专业技术职称。若课题负责人不具备高级专业技术职称，而课题组中又没有高级专业技术职称人员参加实际研究工作的，需由两名具有高级专业技术职称人员的推荐。

5.课题立项应由课题组提交书面申请。每年3—5月为省级课题申报时间，6月为安庆市级课题申报时间，申请表一式三份，可从“安庆教研网”下载。桐城市级课题与其他级别课题在7月上报，课题申报表从“桐城教育网”下载。

二、课题论证与立项

1.为保证课题研究的质量，各学校要发挥学科带头人和骨干教师的引领作用，发挥学科教研组和年级备课组的集体研究的优势，认真做好课题论证工作。根据学校的要求，我局教研室可以提供专业支持。

2.课题采取逐级申报的原则。课题经学校审查同意后，由学校统一报送我局教研室。教研室成立课题论证专家组，对各学校申报的省、市级课题进行初审。

3.课题论证的专家组由与课题内容相关的学科专家组成，专家组设组长一人，主持论证工作。专家组人数不少于3人。

4.专家组要严格把关。要认真审查课题的必备条件，包括人员结构、资料准备、科研手段、经费保证等。

5.教研室根据专家组的论证意见，将通过初审的课题统一上报安庆市教育科学研究所，将没有通过初审的课题退回学校。

6.教研室根据上级教育科研部门的批准课题立项正式文件，向取得了课题立项的学校发出书面通知，并负责该课题的管理指导工作。

7.桐城市级课题由我局教研室组织评审。批准市级立项的课题，由教研室发出书面通知，并具体负责该课题的日常管理。

三、课题研究与结题

1.课题组要严格按照课题申请书上制定的研究计划，积极开展研究工作。严格按照组织分工,全体成员既各司其职,又相互协作。

2. 注重信息反馈,根据研究进展的实际情况,不断调整研究的策略。边实验,边总结。注重课题研究过程的管理,自觉加强课题研究原始资料的收集、整理工作。

3. 课题组在完成定题、立项、实验研究、论文撰写、总结提高等一系列研究程序后,可申请结题验收。

4. 课题组要提交结题报告和课题研究的原始实证材料。正式结题报告表格可从"安庆教研网"和"桐城教育网"下载。

5. 课题结题后,教研室负责该课题的宣传、推广工作。

6. 桐城市级课题评奖和每年的全市中小学教师教育教学论文评审同步进行。

四、课题研究经费

课题研究所需经费,原则上由课题负责人所在单位负责解决。为鼓励各学校提高教育科研的水平,支持全市中小学积极申报省市级立项课题,我局拟从经费上予以扶持。补助标准为:安徽省级课题结题后补助20 000元;安庆市级课题结题后补助10 000元;国家级子课题的补助标准比照安庆市级立项课题;桐城市级立项课题结题后补助5000元。

2. 加强指导

我们加强了课题研究的过程管理,从选题开始,到开题会现场指导,课题中期调研,再到结题指导,全程参与到课题研究过程中,促进了课题研究的深入开展。我们强调做课题,关键在"做",要做到"三结合":

第一,理论与实践相结合。要注重理论学习,边学习,边实践。在实践中探索,在探索中升华。

第二,求实与求真相结合。求实,就是务实,敢于进行理论假设,勇于进行实践探索,善于调整实验方向。求真,就是要客观。要认真,没有干的工作不能编造,不是自己的东西,不能生搬硬套,研究材料中得不出的结论,不能牵强附会。

第三，继承与创新相结合。别人的成功经验可以借鉴，但关键还在于创新，一定要有自己的独特经验，课题研究的成果质量，关键还要看该课题的创新之处。

同时，在研究过程中要特别注意几点：

首先，切实做好课题研究的起始工作：要分解研究目标，形成子课题；分工要明确，责任具体；

其次，制定详细的研究计划，形成可操作的实施方案：研究的目的和意义；研究的方法与途径；研究的对象与范围；实施步骤与进度；成果的呈现形式；课题组成员分工；过程管理的措施方法；经费预算等。

再次，积极进行研究活动：校内研讨；校际交流；做好案例研究；做好日常研究：行动研究（发现问题—作出判断—行动—观察效果—改进措施—再行动）；将研究和日常教学工作融为一体。

最后，全面系统地做好资料收集与整理工作：搜集与课题相关联的背景资料；整理课题研究过程中的体会、论文和案例；收集典型个案；及时积累课题研究中取得的成果。

3. 成果丰硕

2011—2014年省市级课题结题一览表

表1　桐城市2011年省市级课题结题一览表

序号	课题编号	课题名称	结题时间	承担人	课题承担人单位
1	JG08055	农村中小学课外阅读与写作策略研究	2011年11月	江晓林 黄学元	嬉子湖中心学校
2	JG07059	提高小学生课外阅读实效性的研究	2011年7月	陈国平 朱　娟	桐城教研室 同安小学
3	ZXXT-200624	校园文化建设校本课程开发研究	2011年3月	许思启	实验小学

续 表

序号	课题编号	课题名称	结题时间	承担人	课题承担人单位
4	JG08052	农村高中心理健康教育模式探究	2011年7月	李红梅 陈礼根	桐城七中
5	AJKT2008-17	高中生英语写作存在的问题与对策研究	2011年7月	孙淑珍 林志红	桐城市教研室 桐城市第五中学
6	JG08053	农村高中生英语课外阅读的现状调查与对策研究	2011年7月	陈彩虹 桂建友	桐城市天城中学
7	JG06238	高中语文对话式教学研究	2011年5月	叶宇晔	桐城市第八中学
8	DHA06136-001<G>042	高中生个性化阅读训练与高考应试协调发展训练	2011年9月	陈龙高	桐城市第八中学
9	JG08050	中学英语新教材文化背景知识的发掘和应用研究	2011年5月	汪　涛	桐城市第二中学

表2　桐城市2012年省市级课题结题一览表

序号	课题编号	课题名称	课题批准单位	结题时间	承担人	课题承担人单位
1	JG08051	学习型社会背景下学校内部管理制度建设研究	省规划办	2012年3月	潘承建	桐城市第二中学
2	ZXK-TJG10046-10	高考改革趋势对高中历史教学策略影响的研究	安庆规划办	2012年12月	李友明	
3	GD0060	中学感恩教育活动研究	中科院	2012年1月	罗　伟	桐城中学
4	AJKT2008-18	农村高中生信息素养培养研究	安庆规划办	2012年3月	梁松林	桐城市第六中学
5	JG09064	引入桐城民间文学资源的高中作文教学改革研究	省规划办	2012年7月	万仁彬	桐城市第五中学
6	JG09057	普通高中通用技术有效教学实验研究	省规划办	2012年6月	汪辉林	桐城市教研室
7	JG10069	家校互动超前培养儿童孝心的实践研究	省规划办	2012年10月	陈向阳	桐城市北街小学

续 表

序号	课题编号	课题名称	课题批准单位	结题时间	承担人	课题承担人单位
8	AQE0801209	信息资源整合与开放课堂构建	安庆市教育局	2012年9月	许思启	桐城实验小学
9	JG10073	小学数学课外实践体验学习研究	省规划办	2012年12月	许思启	
10	AJKT2010—31	农村初中数学课堂教学媒体技术的优化策略研究	安庆规划办	2012年10月	陈贤月	桐城陶冲初中
11	ZXK-TJG10045-42	安庆市高中语文教学质量评价方案研究	安庆规划办	2012年12月	刘长安	桐城市第八中学
12	ZXK-TJG10045-46	安庆市高中英语教学质量评价方案研究	安庆规划办	2012年12月	孙葆春	
13	ZXK-TJG10049-36	初中数学概念课导入的实践与艺术研究	安庆规划办	2012年12月	吴义翀	桐城市石南初中
14	ZXK-TJG10046-14	高考改革趋势对高中物理教学策略影响的研究	安庆规划办	2012年12月	高龙生	桐城第十一中学

表3　桐城市2013年省市级课题结题一览表

序号	课题编号	课题名称	课题批准单位	结题时间	承担人	课题承担人单位
1	JG10074	教师专业成长区域推进途径与方式研究	省规划办	2013年12月	金　锰 朱正茂	教研室
2	JG11058	基于古镇资源的初中语文综合性学习研究	省规划办	2013年12月	方根东 吴文舟	孔城初中
3	AJKT2011-29	物理教学中渗透德育教育研究	安庆市规划办	2013年12月	刘平安 章　振	老梅初中
4	AJKT2012-36	利用人文资源开展探究性学习研究	安庆市规划办	2013年12月	钱叶春 项增培	吕亭中心小学
5	非教育科研规划课题	让写作的教与学回归本真	中语会	2013年12月	季平生 姚永明	卅铺初中
6	非教育科研规划课题	中小学生安全事故防范与自救	总课题组	2013年12月	吴惠平	卅铺中心小学

续 表

序号	课题编号	课题名称	课题批准单位	结题时间	承担人	课题承担人单位
7	AJKT2011-37	农村初中校园文化建设之策略研究	安庆市规划办	2013年7月	华跃武 潘先进	三河初中
8	AJKT2011-24	初中数学“课题学习”实施策略研究	安庆市规划办	2013年7月	朱菊英 黄高翔	三河初中
9	JG11059	农村中小学英语衔接的校本课程开发研究	省规划办	2013年7月	徐竹青 陈贤斌	三河初中
10	JG10074	中学语文教学中文本使用和开发的实践研究	省规划办	2013年12月	邱来发 方捍东	实验中学
11	非教育科研规划课题	思品教育传统文化渗透问题的研究	教师继续教育国培项目	2013年12月	江　剑	双港中心小学
12	非教育科研规划课题	初中生作文创新写作思路范式的研究	中语会	2013年12月	吴时政	双河口初中
13	ZXKT10045-32	安庆市普通高中政治教学质量评价方案研究	安庆市规划办	2013年12月	管荣生	天城中学
14	AJKT2008-16	农村高中化学实验现状及策略	安庆市规划办	2013年4月	高王明 姚志安	桐城八中
15	JG10065	中学语文课程资源开发研究	省规划办	2013年10月	汪玉清 占淑红	桐城二中
16	JG10066	农村高中数学习题课教学模式探究	省规划办	2013年4月	梁松林 何启国	桐城六中
17	JG10070	桐城乡土文化在高中新课程教学中的综合应用探究	省规划办	2013年4月	包　为 孙文博	桐城六中
18	JG12074	新课程理念下高中英语作业设计的研究	省规划办	2013年12月	孙淑珍 林志红	桐城五中
19	JG08057	新课程背景下历史课堂教学有效性研究	省规划办	2013年11月	黄祥林 陈乔珍	桐城中学
20	JG09066	高中化学新课程实施过程中学习方式转变的研究	省规划办	2013年12月	罗　伟 高良启	桐城中学
21	JG08056	促进新课程实施的高中数学课堂教学评价方式研究	省规划办	2013年7月	方长林 汪浩海	桐城中学
22	JG09068	中学地理课程情感态度价值观三维目标的细化研究	省规划办	2013年8月	徐继鸣 段焕荣	桐城中学

续 表

序号	课题编号	课题名称	课题批准单位	结题时间	承担人	课题承担人单位
23	JG09069	中学议论文写作训练模式研究	省规划办	2013年7月	胡双全 苏 凯	桐城中学
24	JG11061	英语学习自主评价策略建构研究	省规划办	2013年8月	汪 喆 张明霞	桐城中学
25	非教育科研规划课题	校企结合,教育就业一条龙的实践研究	中国教师发展基金会	2013年4月	潘光照 胡兴苗	望溪职校
26	非教育科研课题	精品课程《常用工具软件使用》	省职成处	2014年1月	黄小平	望溪职校
27	非教育科研课题	精品课程《统计学原理》	省职成处	2014年1月	胡兴苗	望溪职校
28	JG10076	小学生自主学习方法的研究与实践	省规划办	2013年6月	蔡银海 陈有根	吴汝纶公学
29	AJKT2011-6	提高农村小学生阅读素养方法与策略	安庆市规划办	2013年6月	许思明 方列平	香铺中心小学
30	非教育科研规划课题	初中生作文言之有物策略研究	中语会	2013年12月	梁 正 程玉舟	新安初中

4.桐城市2014年省市级课题结题一览表

序号	课题编号	课题名称	结题时间	课题负责人	课题承担人单位
1	JG09065	初中数学课堂教学过程的调控与评价研究	2014年12月	刘佳林 雷弘瑞	白马初中
2	JG12073	基于学习能力培养的初中历史教学资源开发与应用研究	2014年12月	余仁理 许文祥	包圩学校
3	AJKT2012-02	小学生作文序列化训练的研究	2014年7月	周晓胜 汤爱宁	北街小学
4	AJKT2012-19	小学数学新授课练习设计与反馈问题研究	2014年7月	陈晓红 刘锦霞	北街小学
5	JG12070	小学生语言积累途径和策略的研究	2014年12月	汪桂生 金仁来	东关小学

续 表

序号	课题编号	课题名称	结题时间	课题负责人	课题承担人单位
6	JG12075	农村留守儿童感恩教育的实践研究	2014年12月	高劲松 杨正茂	金神中心小学
7	AJKT2013-05	落实农村小学生每天体育锻炼一小时的实践研究	2014年12月	吴德梅 方高远	吕亭中心小学
8	JG12076	小学生数学学业“两极分化”状况调查与研究	2014年12月	王存彬 汪定斌	麻山小学 王墩小学
9	AJKT2013-06	与新课程相适应的学生作业设计研究	2014年12月	江新春 姚　琦	卅铺中心小学
10	AJKT2012-01	日记对促进小学生健康成长的影响研究	2014年12月	朱　娟 章守红	同安小学
11	AJKT2012-18	大班额条件下的小学数学教学因材施教研究	2014年12月	叶来发 曾康丽	同安小学

十一、教学视导

这是我们课题组最主要的方法，已经形成了我们教研室的工作特色。我们通过常规教学视导，促基层学校规范教学管理，促一线教师形成规范教学程序。每学期我们都集中两个月左右的时间，组织教研员深入各级各类学校，深入班级，听课、看教案、查作业，召开教师和学生座谈会。一般每校检查一天，检查结束及时召开反馈会，通报检查结果。一轮视导结束，及时进行视导总结，在全市通报，努力运用视导结果，引导基层学校规范教学管理，提高课堂教学质量。

1. 发布文件

市教育局发布了《关于进一步加强教育教学管理的规定》，就加强教育教学全程管理，落实立德树人的根本任务，对基层学校提出了明确的要求。

关于进一步加强教育教学管理的规定

教学工作是学校的中心工作，规范化、精细化的教育教学管理是实施素质教育，提高教学质量的关键所在。随着新课程改革的不断深入和“以县为主”农村义务教育管理体制的基本确立，我市适时启动了深化义务教育管理体制改革，完善城区学校管理体系和农村学区建设，建立教育局直接管理城区中小学、幼儿园及镇街学区管理委员会；学区管理委员会管理学区内初中、九年一贯制学校、中心学校、中心小学、幼儿园；中心学校、中心小学管理村小、教学点的管理体制。为适应教育改革的需要，现就进一步加强各级各类学校教育教学管理工作提出如下规定。

一、指导思想和总体目标

1. 指导思想。坚持以人为本、立德树人、面向全体学生，培育核心素养。遵循青少年身心发展规律和教育教学规律，以强化教学常规管理为核心，以加强教师队伍建设为重点，以提高课堂教学效率为突破口，以促进学生健康、快乐成长为根本目的，切实优化学校的教学工作环境，努力开创基础教育工作新局面。2. 总体目标。所有中小学建立起以教学为中心的工作体系；中小学优秀教师的比例大幅度地提高，校长与教师的教学观念明显转变，形成以学生全面发展、长远发展和终身学习为核心的教育教学观；在教学中学生的主体地位得到进一步落实，学生的社会责任感、创新精神和实践能力明显增强，审美能力和人文素养进一步提高；符合素质教育要求的教学评价体系基本形成；教学管理更加规范有序；教科研服务教学的能力进一步增强；学校的教学环境有效改善，中小学的教学管理水平和教育教学质量达到全省领先水平，实现桐城教育的全面振兴。

二、主要任务

（一）加强教学常规的全程管理，促进教学工作规范化、教学管理精细化。

1. 加强管理队伍建设，努力造就一支有思想、懂教学、善管理的教学管理队伍。

（1）学校实行校长负责制，建立健全由校长全面负责，教务处、年级组以及学科教研组分级管理、分工负责的教学常规管理体系。

（2）树立正确的教学管理理念，管理者要重视教学思想和理念的引领，要加强对教学计划、课程实施、校本研训的领导，关注教学过程，改善教学环境，提高教学效益。

（3）培养过硬的教学管理能力，管理者要带头学习教育理论，更新自己的知识结构，开阔自己的视野，认真参与教学实践，及时分析教学状况，善于解决教学问题。

2. 优化教学常规管理，旗帜鲜明的向管理要质量。

（1）学校应根据教育法规和上级教育行政部门的相关要求，制定切合本校实际的教学工作计划，安排好课表、作息时间表和学生活动总量，建立正常的教学秩序。

(2)细化对教学环节的督查与指导,要加强对"备课、上课、作业、辅导、评价"各个教学常规环节的检查、督促、指导。各学科一律实行超前一周备课,做到备教一致。上课要真正面向全体学生,实施有效教学,提高课堂教学的效率。备课要深、讲课要清、作业要精、辅导要勤、反思要敏。坚持把教学过程管理落实到位,管理人员要加强对自己联系的年级、班级常规教学工作的指导与检查,多听随堂课,采取随机检查、个别抽查、全面检查等方式,发现问题,及时总结交流。

(3)加强课程管理,真正做到开齐课程,开足课时。各级各类学校必须严格遵守国家、省课程计划,安排课程的实施,农村薄弱学校要结合自身实际,克服暂时性困难,创造条件解决师资不配套的现状。

(4)管理和使用好实验仪器设备、音体美器材、图书、微机室、远程教育设备等资源。学校要将这些管理同样纳入教学常规来进行管理,并随时督查指导,进行考核。

3. 强化各学段尤其是高中毕业班教学管理。要解放思想,强化质量意识;要分析形势,增强信心;要确定目标,自我增压,进一步强化责任意识;要讲究策略,细化措施,强化效率意识;制定复习工作规范,强化复习工作管理。

4. 坚持以学生为本,加强对学生的教育与管理,促进全面发展和整体提高。面向全体学生,因材施教,促进每个学生的发展;面向学生一切,因人施教,促进个体学生的全面发展;加强非智力因素培养,提高学生的学业水平;完善评价方式,激励学生健康发展。

(二)坚持走教研立教、教研兴校之路,进一步推进教研工作持续扎实开展。

1. 完善教研网络。

(1)构建教研网络。市教育局建立教研员联系义务教育学区和直管学校制度,以教研室为主体,建立教研工作指导组。各学科以市教研室教研员为组长,在小学、初中、高中三个学段,分别成立学科中心组。各高中、各学区管理委员会成立教研工作领导组,以分管教学的负责同志为组长,各学科配备1

名兼职教研员(可兼任学科教研组长)。兼职教研员选聘,坚持以责任心强、业务精良、发挥作用为原则,一经聘用,颁发证书,严格考核,劳酬挂钩。

在市教育局直管学校方面,要继续完善“市教研室—市局直管中小学”二级教学教研管理模式。市教研室要充分发挥省、市示范学校的辐射、带动作用,积极创造条件,搭建学科教研平台,将全市各学科骨干教师组织起来,积极推进教育科研工作健康发展。各学校继续加强教研组建设,采取得力措施,以“校本教研”为抓手,走“教研兴校”之路。有条件的学校,可在教研组之上设立“教科室”,强化对教育科研工作的领导。各级示范学校要加强校际交流,积极帮扶薄弱学校,实现共同发展。

在学区管理委员会方面,要建立起“市教研室—学区管理委员会—点校”三级教学教研管理模式。学区管理委员会要发挥所辖初中、中心小学的示范作用,同时根据本学区的实际情况,以中心小学为牵头单位,划片开展教研活动,中心小学校长为该片区的教研工作负责人,负责原辖区内村小及幼儿园的教研指导工作。

(2)明确工作职责。

市教研室:对全市中小学教学教研工作提出总体指导意见,制订学年度全市中小学教研工作计划;根据教研员联系直管学校和学区制度,教研员经常深入基层学校,了解情况;建立常规教学视导制度,定期进行教学视导,和教师一起探讨教学中存在的问题,并提出解决问题的指导性意见;督查各学校教研活动的开展,主动加强与一线教师的交流,努力推动校本教研的开展;发现并培养优秀教师;指导学校开展省市级课题研究;定期出版《桐城教研》,为一线教师提供思想交流的平台。

直管学校:负责本校的教学教研工作。建立健全学校教育科研管理机构,指定专人负责日常教育科研管理工作,校长是第一责任人;牢固树立质量中心意识,教研兴教,教研兴校;扎实开展校本教研,着力打造高水平的教师队伍;依法治校,科学管理,整体推进学校办学水平不断提升。

学区管理委员会:各学区管理委员会对市教育局负责,管理学区内各初中、九年一贯制学校、中心学校、中心小学和幼儿园,督促基层学校全面贯彻落实党的教育方针、政策,加强学科建设,开展校际帮扶活动,推进学区内教育资源共享,促进学区内学校优质均衡发展;统筹学区内教师的管理、调配、培训、学习,组织学区内教师的交流、落聘教师的再学习、再培训和分流工作。

各学区管理委员会和各直管学校要积极配合、支持教研员开展工作,加强学科中心组和学校备课组建设,构建学科发展共同体,形成协同作战、合力攻关的良好局面。用卓有成效的工作促进全市教育科研工作再上新台阶、再创新局面,全力推进"提升教育质量、振兴桐城教育"工作全面深入发展。

2. 完善教研制度。

(1)教学工作会议要做到"四落实":时间落实——每月两天,隔周集体活动或会商;地点落实——确定固定场所或流动变换场所,会前组长联系到位;主题落实——会前组长确定主题或专题,成员酝酿、准备,会上集中讨论、研究,形成共识,会后予以及时实施;主讲人落实——会议或活动由组长或组长委托成员作为主讲人,精心备会,讲析透彻,操作科学,务实求真。同时,会议或活动要有完整的记录,建立专项台账。

(2)完善各项教学管理制度。各校实行教师集体学习、备课制度,学校组织学科教师定期进行理论学习、讨论,研读教育经典著作,并撰写学习心得。学校还应根据本校实际,不断完善教学管理制度,如:实施学习质量单元过关制度、单元测试成绩分析制度、教学常规督查制度、班情会商制度、校领导联系班级制度等。

(3)建立常规教研制度。各级教研组坚持常规教研活动,包括说课、听课、评课,专项研讨和评优活动等。校领导带头深入课堂听课、调研,分管教学副校长和教务主任每学年听课不少于30节。教师每学年至少上一节校级公开课,听课不少于20节。各类人员参加教研活动都要有完整记录,并具有实证性材料。在学期检查或专项检查中,以直管学校、学区管理委员会为单位,进行汇总公布。凡不符合要求的,一律予以全市通报批评,在职称评聘以及特级教师、优秀教师、学科带头人、骨干教师、教坛新星等评选中,实行"一票否决"。

(4)落实课题研究制度。根据省、市教研课题规划办公室公布的"课题指南”，各学校要结合自身实际，研究确定申报课题。课题组要严格按照课题申请书上制订的研究计划，积极开展研究工作，注重课题研究过程的管理，自觉加强课题研究原始资料的收集整理工作。市教研室根据《桐城市教育科研课题管理办法》统一规划，分类指导，跟踪督查，不断提升广大一线教师和教育工作者的教育科研水平，进一步提高我市基础教育质量。

(5)建立教研经费保障制度。

教研工作正常有效运转，需要人力、物力、财力作为支撑。市教育局安排专项资金，用于教研室和教科研指导组开展活动。直管学校、学区管理委员会负责教研领导组、业务组专项工作经费。主要用于教研工作的组织、实施、督查、评估和教研员的培训和奖励。

3. 拓展网络教研。

(1)进一步建设好桐城教育资源平台。高度重视原创性本土资源板块建设，积极开发上传原创性课件、教学设计、质量检测试卷、课程资源等各类教学资源。各校要大力支持资源管理员的工作，支持管理员和教师参与资源平台建设相关活动，为管理员和教师提供必要的经费保障。

(2)积极组织名师课堂教学网络视频资源，实施名师大课堂工程。精心组织摄制，不断推出市内中小学名师的课堂教学实录、说课、专家点评等视频教学资源，在桐城教育网通过视频进行在线播放，组织一线教师进行在线交流研讨，发挥优质课的示范引领作用。积极创办名师课堂教学在线直播，广泛推介各校教研活动。及时摄制或直播学校教研动态节目，推广先进教研经验和做法，打破各校教研活动的封闭状态，实现优质资源共享。

(3)积极推进教育信息化与教研工作的深度融合。以打造高效课堂、提高管理效率为抓手，积极推进智慧校园建设。各学校要高度重视学校信息化资源开发研究和运维管理工作，不断提高信息化服务于教育教学的能力和水平。

(三)建立和完善市级教学质量监控系统。

1. 实行分类评估。根据《桐城市中小学生综合素质评价方案》对全市中小学生综合素质进行评估；根据初中毕业生学业考试对初中毕业年级教学质量进行评估;根据安庆市高一质量检测、高二质量检测和高三模拟考试,对高中教学质量进行评估;根据中小学期末考试对中小学教学质量实施监控。

2. 实行三级管理。全市中小学教育教学质量监测实行市教育局、直管学校和学区管理委员会、点校三级管理模式。中小学生综合素质评价由学校负责实施,市教育局负责指导;中小学期末考试由直管初中、小学和学区管理委员会负责实施,市教育局负责指导;中小学学科质量检测(或抽测),由市教育局负责实施;小学阶段毕业考试和初中毕业学业考试由市教育局负责实施。

3. 建立抽测制度。建立中小学生教学质量抽测制度,是质量检测的重要管理措施。教学质量抽测目的是通过对我市中小学生教学质量采样检测,及时反映教学中存在问题,以便对教学及时进行有效的调控。

三、保障措施

1. 加强组织领导,落实分级管理。

市教育局成立以局长为组长,分管副局长任副组长,办公室、基教科、人事科、计财科、教研室、电教仪器站、监察室等部门负责人为成员的工作领导小组。

领导小组是全市教育教学管理的行政指挥系统,职责是建立健全教育教学质量保障体系,进行决策、评价和监控,制定相关工作职责,统一部署相关工作。各地各校要成立以校长(学区管理委员会主任)为组长的工作领导组,校长(主任)是教学质量的第一责任人,分管教学副校长(副主任)是教学质量的直接责任人,学校教务处、教研处(室)及教研组负责对教学过程进行监测、评估与矫正。

2. 广泛宣传发动,营造良好氛围。

要进一步统一思想,明确职责,切实增强提高质量的紧迫感和责任意识。通过多种形式加强对学生、学生家长和社会的宣传,邀请家长代表和社会有关人士参与到学校质量评估监测过程中来。要通过此项活动,在全社会形成领导高度重视、教师敬业乐教、学生勤奋好学、各界关心支持和家长密切配合的浓厚风气。

3. 加强督导检查,夯实过程管理。

市教育局领导班子成员要深入学校开展教育教学调研，带头进课堂听课，检查教师备课笔记和学生作业。通过个别走访、召开学校领导班子和教师座谈会等活动了解教情、学情及学校管理情况，牢牢把握全市提高教学质量工作的指挥权。市政府教育督导室、基教科、教研室、电教仪器站等部门通过教学常规检查、联合视导、专项督查等方式加强对学校提升教学质量工作的指导与督查。

4. 推行目标考核，严格实行"教学质量责任制"。

将教育教学质量监测评估结果，纳入市教育局对学校(学区)年度绩效考核评估范围，并作为学校(学区)领导干部考评与任用的重要依据。严格实行中小学校长、学区主任任期目标责任制和考核任免制。教育局将制定《校长任期目标责任制考核办法》，作为提升全市教学质量的重要制度保证之一。

市教育局及各校将重点监控备课、上课两个主要流程，务必使每一位教师都做到未备课、无教案不上课，不旷课，不随意调课，不私自找人代课。对违规者，发现一次予以口头诫勉，二次予以书面通报警告；三次以上则依据相关规定予以严肃处理，并报教育局备案。坚决纠正教师私自办班或校外辅导、私自兼课等行为。违规者，按有关规定处理到位，决不纵容。

5. 落实质量奖励，完善表彰制度。

市委市政府设立教育奖励资金，对师风师德高尚、教学实绩突出的教师和校长，在一年一度的全市教育工作会议上进行公开表彰奖励。市教育局建立学校与教师激励机制，制定实施《桐城市义务教育学校(学区)学年度综合目标考核办法》和《桐城市普通高中教学质量考核办法》。教育局每年组织召开全市中、小学教育教学工作会议，结合年终考评，对在提升中小学教学质量工作中，做出突出成绩的单位和个人给予表彰奖励，并及时总结工作中的经验与成果，在全市推广。

各校要制定奖励办法，对教学成绩突出的教师和教育工作者给予奖励。各高中每年可从非税收入中拿出一定比例的资金，用于学校提高教育教学质量的考核奖励。

2. 出台制度

为了提高教学视导的效果，我们专门制定了《桐城市教育局教研室教学教研视导制度》《桐城市中小学教育教学管理考评细则》，制订了《桐城市课堂教学调研评估量化表》，规范了教学视导的程序、方法和内容。

桐城市教育局教研室教学教研视导制度

教研员是教学研究的实践者和组织者，组织并参与教学视导，深入学校教研组、备课组了解教学状况，充分发挥其学科优势，准确诊断其学科问题，与学校领导、教师真诚交换意见，为学校学科建设服务，为教师的学科专业发展服务，是其基本职责之一。教学视导是对一所学校教师备课、上课、辅导、考试、教研等一整套教学工作流程进行检查评价与反馈。实施教学视导，可以帮助学校有效提高教学常规管理的质量，有效提高教师队伍素质，是一项推进教育发展、提高学科教学质量的基础性工作。

一、教学视导的要求

1. 市教研室根据学期工作计划和实际需要积极开展教学视导，上学期视导重点为义务教育阶段，对高中视导选择侧重点；下学期全面视导高三年级教学。

2. 每学期教学视导时间为一两个月。

3. 视导组根据教学视导情况认真填写检查反馈表。及时组织被视导学校领导、教师进行教学视导情况总结与反馈。

4. 每学期将教学视导情况以书面形式上报市教育局。

二、教学视导的内容

学校执行国家课程计划是落实党的教育方针的重要举措，教师执行教学常规是落实学校教学任务的中心环节，这些都是提高学校办学质量和水平的重要保证，同时也是规范学校办学和教师教学行为的主要依据。教研室组织开展教学视导时主要检查了解：备课、课堂教学、作业的布置与批改、课外辅导、考试(测验)、校本教研、国家课程计划的执行以及学校管理等情况。

1.课程计划的执行。

严格执行国家课程计划是学校落实党的教育方针,实施素质教育的具体体现。教学视导中要注意检查学校执行课程计划的情况,了解是否开全、开齐、开足了各类课程,发现问题,及时提出改正意见。

2.备课。

教学视导要认真查阅教师的备课记录。看其教案中是否备教材、备学生、备方法、备过程、备资源,是否体现课程改革的核心理念。

3.课堂教学。

通过听课的形式检查了解教师是否形成正确的课堂教学理念,是否掌握基本的教学艺术,是否选择合理的教学方法,是否具有驾驭课堂教学的教学基本功,使课堂教学目标明、“双基”实、过程优、方法对、效果好。

4.作业布置和批改。

作业是课堂教学的延伸,是教师了解学生掌握基础知识、基本技能和运用所学知识解决实际问题能力的有效途径,有效的作业布置与批改,有利于调节改进教学工作,巩固课堂教学效果。作业布置与批发应做到“有发必考,有考必改,有改必评,有错必纠”。作业的检查布置与批改应重点查看是否精心设计,细心批改,反馈及时,方法有效。

5.课外辅导。

课外辅导是体现因材施教、个性发展的重要措施,是整体提高学科教学质量的重要一环。开展学科教学视导时,要重点关注各任课教师是否有辅导学生名单、辅导时间安排和辅导内容记录,是否体现注重学生个体差异,分类辅导,讲究实效。

6.考试(测验)。

考试是教学质量过程管理的重要环节,能有效帮助教师了解教情与学情,诊断教学问题,监控教学质量,改进教学工作。学科教学视导时,要重点查看考试是否及时,是否自主科学命题、难易得当,评价形式是否多元,方法是否合理,是否及时进行试卷批阅与成绩统计,是否及时进行试卷分析。

7.教学研究。

开展教学研究是有效提高教师业务素质的重要途径之一。开展学科教学视导时,要关注学校是否有完善的学科教研体系,学期初是否围绕某一主题制订学科学期教研工作计划,计划的内容是否讲究实效,是否有利于促进教师专业化发展,是否有利于提高教师的课堂教学水平,是否有完整的原始的教研活动实录。要关注学校是否根据学科教师队伍年龄与教学水平高低的特点,以"师徒结对"等形式,开展一对一的教学研究活动。要关注教研活动的实效性,是否经常开展"问题化"教研,是否经常进行理论学习,是否开展专项教学基本功培训与竞赛。

8.学校管理。

管理出质量。学校管理应坚持以教学为中心,坚持以人为本,实行精细化管理,制度健全,职责分明,计划周密,措施落实,督查到位。教学视导中通过察看校园、查阅材料、听取汇报、召开师生座谈会等形式了解学校管理情况,督促学校规范管理。

三、教学视导的反馈

开展教学视导要注重视导的总结与反馈,教研室应及时将教学视导中发掘的优点,发现的问题,改进的意见与建议反馈给学校,为学校学科建设提供服务;同时上报市教育局,作为有关决策的依据。

四、教学视导工作考核。

每次开展教学视导活动,各教研员要及时认真填写视导检查反馈表,并将视导情况形成书面反馈意见,年终结束汇总上交教研室,作为教研员年度工作考评的重要依据之一。

3.总结反馈

我们注重视导结果的总结与反馈,及时找出差距和不足,总结成绩和亮点。每所学校视导结束,视导组都要在学校召开总结反馈会;每次全市检查结束,视导组都要写出书面总结报告。这项工作成为视导工作的重要组成部分。如2010年秋季,在全市高中教学视导结束后,视导组就撰写了《桐城市

2010年秋季高中教学视导工作总结》,全文如下:

桐城市2010年秋季高中教学视导工作总结

根据市局安排,自11月2日到11月30日,我们教研室全体中学教研员到我市十二所高中(包括吴汝纶公学、高考补习学校)。所到之处,我们教研员每天随堂听课两、三节,分别召开学生座谈会和教师座谈会,听取师生意见,同学生对话,深入教研组同教师交流,认真查看教师备课笔记、听课记录、学生作业,检查学校课程设置与教学活动安排,查看校容校貌与教学设施。在直接面对教学现场针对教学与管理诊断把脉开处方的同时,我们教研员也深有感触,颇受教益。各学校给我们的总体印象良好,同时也存在诸多不足。

一、高中毕业班工作成效显著

1.全市高中良性发展格局已基本形成。几年来,全市教育工作,紧扣时代脉搏,脚踏实地,求真务实,立足本届毕业班工作实际,密切关注教学内容、教学方向和人才培养模式的调整与改革,努力适应教材变动和高考改革的需要,把培养学生的创新精神和实践能力贯穿于毕业班教学工作的全过程,形成了全市高中你追我赶、竞争竞赛的良性发展格局。

2.一大批青年教师得到迅速成长。全市青年教师,通过高中毕业班工作的锻炼,迅速成长起来,为毕业班工作增添了新的活力,成为毕业班工作的生力军,有的还成长为排头兵。这是今年,也是今后我市教育工作,特别是高中毕业班工作加快发展、科学发展的根本保证。

3.高考成绩创历史新高。各校立足实际,努力突出教育教学质量这一发展主题,各项工作又取得了新的突破,高考成绩实现了历史性的大跨越、大丰收,全市上本科线人数突破了4000人大关。

4.已形成适应我市教育发展水平和学生客观实际的管理制度和比较行之有效的评价机制。就高考来说,全市有一套目标体系。经过多年的努力,各校都已初步形成了一整套的管理方法,包括考核、监测、评价办法,并为广大教师所接受。

5.有一个良好的社会基础。桐城自古有崇文重教的良好社会风尚。广大市民在子女教育上不惜成本和代价。市委市政府领导高度重视教育事业的发展,在办学条件的改善上不遗余力,建设了一大批上规模、上档次、标准化的现代化校园。普通高中学校的办学硬件得到了较大的改善。学校现代化教学设备、实验室仪器设备、图书馆阅览室及图书杂志等得以添置或更新换代,办学档次得到较大提升。

二、教学管理中存在的问题

我们也感觉到,普通高中发展过程中面临着许多困难,尤其是学校层面的教育教学管理工作中存在着诸多问题。只有从源头上进行深刻反思,并寻求相应的对策,才有可能使我们的教育事业得到健康、快速、优质、高效地发展。归纳起来,主要有以下六个方面问题:

(一)学校管理理念相对陈旧,办学目标比较单一,发展内涵有待丰富。

受各种因素影响,我市学校迎合社会狭隘的评价观、质量观,片面追求升学率的倾向一定程度存在,没有深刻认识基础教育的本质、内涵和根本任务。把高中教育的任务窄化为大学教育的预备,似乎高中教育的任务就是让学生通过筛选进入大学。学校课程的实施、学校管理方式的选择、教学目标的把握、对学生成长的培养都直接与高考挂钩,“抓住一点,不及其余”。忽视了许多本该在高中实施的教育内容。

在此背景下,一些学校办学思想相对落后,办学目标过于单一,学校管理沿袭十几年前的管理模式。以不出问题为底线,以拼消耗、拼时间为主要手段,以完成升学目标为终极追求,管理方式比较原始。个别学校仅仅重点关注几个可以上重点的学生,没有体现整体提升的意图。常常忽视学生身心健康的维护、公平教育权利的享有、综合素质的提高等。高中过早分文理科,课程开设不全面;学校里的篮球场、足球场少见学生生龙活虎的身影,图书馆、阅览室鲜见学生问津;应该充满歌声欢笑的校园少了许多活力,一天到晚,除了上课还是上课,这种由来已久的、以牺牲学生健康发展和知识能力全面发展为代价的教学管理方式换来的并不一定是高的升学率,而是高中教育管理层次上的原地踏步和教育内涵某种程度的“窄化”。

一流的学校靠钢筋水泥堆砌不出，办学者先进的教育思想和管理理念才能提升学校的品位、铸就学校的品牌。我市的普通高中学校，缺乏的不是教育的硬件、设施和教育经费，不是人力资源，而是缺乏具有桐城地方特色和学校自身特色的办学思路和发展模式，缺乏品牌意识和创优意识，因而尚未迈上科学发展的台阶。

（二）对教育教学是学校第一要务的认识不到位。

有些学校教育教学管理松散，有些学校班额超大、补习班爆棚，有些学校不按国家要求开齐开足必修课程、选修课程。一些学校的主要负责人，“行政”干部的“味道”比较浓，不代课、也很少听课，真实的课堂不清楚，整天流连于繁忙的社会事务和交际应酬，热衷于拆拆建建，静不下来做管理工作，沉不下去抓教育教学，放在学校管理方面的精力不多。以上种种表现都说明我们对教育教学是学校第一要务的认识不到位，这需要引起我们的高度警觉。

（三）教师专业素养有待提高，教师专业发展的生动活泼局面没有出现。

我市高中教师群体有着敬业奉献、克己奉公的优良传统，而且不乏师德高尚、刻苦钻研教学业务的优秀教师。但不可否认，高中教师的创新意识、开拓意识、专业发展意识不够强烈，教师钻研业务的意识很不浓厚，仍然有相当多的教师仅仅以沿用了多少年的陈旧教法教学，以老生常谈的方式管理教育学生，一支粉笔一本书，多年教案讲多年的现象不同程度存在，先进的教育技术、优秀的教学资源不会“拿来”使用，信息技术手段的运用在高中是个“短腿”。

教师专业发展的途径单一，有效的政策、时空保障缺失。教师的成长过程是一个不断学习和追求的过程，一方面需要教师本人不断思考和实践，另一方面也需要学校为其提供学习的机会和条件，需要专家的引领和同伴的交流。然而，一些学校在教师使用上重使用、轻培养，对教师进行“掠夺性”的智能挖掘。教师跨年级、超负荷代课，很少让教师外出参加学习或教研活动，学校也鲜有请专家进校讲学。学校领导教育观念落后，轻视教师的专业化发展。我们知道，新课程的实施，给教育带来了许多新的理念。小学和初中教师的教学方式和学生的学习方式都有了较大的变化，相比之下，高中段教师专业发展还需大力挖掘潜力。

教师激发学生学习动机的意识不强，行为不力，成效甚微。在学生人生观形成的指导方面，目前多数学校、多数教师缺少有效办法，几乎任其“自生自灭”。

（四）学生管理失于粗放，德育工作抓而不实，心理健康教育等未能有效跟进。

德育工作停留在空洞说教上，而不是落实在日常教育教学行为和活动中。一些学校的领导由于担心德育工作会占用教学时间而导致升学率下降，尽管在观念上认同德育工作的重要性，但在行动中却把德育放在次要位置。“做人教育”没有形成体系，关起门来抓德育，德育“概念化”“说教化”“成人化”等低效的工作模式还在很大程度上流行。德育生动活泼局面没有形成，德育工作对学生成长精神激励的“指南针”作用和宽厚人格养成的助推作用没有得到体现。

学生管理方式停留在二十世纪八十年代末、九十年代初，没有适应高中教育规模显著扩大后学生群体发生变化的实际，管理方式更多地采取“被动防守”，而没有主动出击，管理目标设计上满足于学生不出严重问题；管理方法上更多的是批评、训斥、处分、劝退等。有的教师对学生管理持“任务”观点，教学时间之外就高高挂起，不关己事。“德育为首”没有得到很好地落实，对学生的品德养成、成长规划、学业进步等方面的指导不得力，学生非智力因素、内在的进取动力没有得到很好调动。

心理健康教育没有得到应有的重视。当今高中学生独生子女多，生活条件优越，几代宠爱集于一人。作为一个社会人，他们同样也受到社会人生价值多元化取向的潜移默化的影响。在学校里，面对着繁重的学业和严格的规章制度，面对学校生活与社会、家庭生活存在巨大的落差，面对校园生活、学习中的激烈竞争，较多的学生存在或轻或重的心理健康问题，迫切需要学校、教师予以关爱和疏导。

（五）教学策略运用不当，教学方法的科学性有待提升。

1. 教科研工作“掐头取尾烧中段”，教师专业发展举步维艰。

一所学校能否可持续发展,取决于教师队伍的整体水平和素质。建设一支高素质的教师队伍,必须立足于校本研训。我市高中学校近些年的校本教研工作,并没有引起学校领导尤其是校长的足够重视。学校削弱了教研组功能的发挥,越来越明显地影响了教师专业化发展。教研组活动一般一星期安排一次,长则一个小时,短则半个小时,其活动内容大多也只局限于教研课的客套评课或布置学校下达的一些共性工作,学科教研组行政化趋势越来越明显,教研组很少开展针对具体教学问题进行的专项研讨活动,很少开展以“课例”研讨为载体的行动研究,很少就某一教学专题组织共同的学习和讨论。

2. 学校教科研氛围不浓,教师专业发展缺乏平台和理论引领。尽管近几年高中学校开展课题研究的意识是有了,但这种意识往往是建立在功利的基础上,目的只是为了学校所谓“上等级”的需要,而非为解决学校教育教学中切切实实存在的一些问题。此外,理论引领的主动性更为严重缺失。

(六)教学资源闲置严重,教学手段单一,课堂教学的有效性相对缺乏。

教学设备、实验仪器、图书资料、办公电脑,很多学校未能加以充分利用,较多的学校的实验课未能充分开设,一些学校的天文馆从未让学生走近“天文”。尽管相关学科教研员一直在呼吁、督促上述学校按教学要求足额开设实验课,但由于学校领导和教师不重视,至今尚未实行到位。

现代化教学手段能增大课堂容量,激发学生兴趣,开拓学生思维,为学科教学引发诸多创新式的变革。较多学校或因教室未安装多媒体教学平台,或因教师缺乏使用现代化教学手段的意识、技能,大多只是在一些公开课上“偶尔露真容”而已。

总而言之,出现上述问题的原因很多,但最根本的恐怕是我们的一些学校和校长没有形成或端正办学思想和教育理念,缺乏对高中教育发展的科学研究,缺乏创新和探索,教育教学理念陈旧,应对形势发展能力欠缺,推动学校持续发展缺乏有效策略,有的甚至陷入急功近利、舍本求末的泥潭,片面追求尖子生上重点线而抛弃了大多数学生的整体发展,丢弃了高中教育的本质追求。普通高中教育对象特别,任务沉重,竞争激烈,社会关注度高,对学校管理水平和教育教学方法要求较高。普通高中教育又是青少年教育极为关键的阶段，既要对学生实施思想品德教育，直接塑造着他们的品行和个性，同时又要追求提高升学预备教育的水平。因此，要针对高中学生的身心情感发展特点做好德育工作，调动学生学习积极性，促进学生全面发展，把学校管理、学生发展的各种因素、资源、优势，整合到全面完成基础教育任务、成功塑造合格新人、提高升学预备教育水平的大目标上来，包括学校特色培育、校园文化建设、开设丰富多彩的选修课，为学生提供更多选择，促进学生全面而有个性的发展。如何从系统论的观点出发，探索、优化高中学校办学模式，调整、完善高中教育教学策略，走内涵发展道路，成为我们高中学校领导首先要思索的问题。

三、高中教学工作建议

各学科教研员就2011年高考改革的有关精神和如何科学备考、人文备考分别向各学科教师进行了解读、辅导。大家认为在复习迎考的过程中，要科学有效地做好复习备考，要认真研究考试大纲，提高备考的针对性；要重视双基落实，力求以全面的知识为能力的提高打下基础；要突出能力培养，掌握解题技巧，提高学生综合素质；要关注学生非智力因素，培养良好的心理素质，体现人文关怀。在总结高中教学视导工作的时候，我们提出如下建议。

1. 学校内部强化管理和加强指导，是高考成绩取得突破的重要保障。

高中毕业班工作责任大，任务重，难点多。只有加强领导，科学决策，统一部署，才能有条不紊地进行；只有狠抓管理，落实措施，履行职责，才能扎扎实实地推进。强化对高中毕业班的管理和指导，我们做了以下几项工作：

一是加强备考工作指导。为加强对本届高中毕业班工作的领导和指导，进一步统一思想，鼓足干劲，协同各校共同攻关，更好地完成本届高中毕业班的各项工作，市教研室加强调研、分析，全面部署，努力提高高考竞争实力。继续召开各学科高考备考研讨会，总结经验，分析情况，找出差距，明确工作目标，注意收集有关动态信息，抓好高考经验辐射，以点带面，加强指导，全面推进毕业班的工作，为高考成绩的取得，搭建了良好的交流、互动的工作平台。

各校也应成立以校长为组长的毕业班工作领导小组，实行业务校长和教导主任领导下的年级负责制，制定具有校本特色的毕业班工作计划，加强对毕业班工作的规划和指导。校内毕业班工作领导小组应成为各校毕业班教学与管理指挥协调中心。

二是明确指导思想，加强过程管理。为了进一步贯彻党的教育方针，打造桐城教育品牌，建设教育强市，应以促进教育事业和谐发展为目标，以加强教师队伍建设为切入点，明确我市高中毕业班工作的指导思想：即以科学的发展观为指导，牢牢把握高考改革"坚持基础，关注社会，联系实际，突出能力"的正确导向，面向全体学生，继续抓好中等生的提高，加大对优秀生的培养力度，在提高本科上线率方面下功夫，在攻克重点名牌学校方面下功夫，努力实现数量增长与质量的提高相统一，努力办好让桐城人民满意的教育。在这一思想的指导下，全市各高中应加强过程管理，把培养学生的学习能力，促进学生全面发展和教师的专业成长贯穿于毕业班教学工作的全过程，调整结构，整体推进，改革教学方法，在提高教学效益，加大对优秀生的培养力度，在质与量两方面，成为我市今后高考的两大亮点，有力地推动我市高考成绩再上台阶。

三是明确工作目标，加强质量跟踪。全市各高中都应立足本校实际，从高一年就狠抓教学管理，坚持质量跟踪。为了更加科学地确定工作目标，我们在制定2011届高中毕业班工作计划时，也应对本届学生三年前的中考各个分数段成绩在各校的分布情况进行分析，把各校工作目标和录取时的成绩进行对照，引导各校进一步强化质量跟踪与监控意识，提高教育教学工作的针对性和实效性。

四是抓好作业和考试管理，提高复习的针对性。为切实减轻学生不必要的学业负担，提高毕业班复习的针对性和实效性，各校都应注意到过去的复习教学中还存在着练习过多、考试过多、资料过多，学生独立思考不足、探究体验不足、主动参与不足和针对性强的训练不足等问题；应加强对复习资料、作业次数、考试次数的管理，切实减少对教材挖得过深，对基础知识重视不够；对学科内知识的综合要求过高，对知识的灵活运用重视不够；对重点问题关注过多，对其他知识点重视不够等现象的发生，通过管理，有效地发挥有限复习时间的最大效益。

2.各级学校的整体提高和均衡发展,是高考大面积丰收的坚实基础。

各校应正确认识目前我市普通高中存在着办学条件不同,生源素质不同,省、示范高中并存的现实,正确认识教育的均衡发展不等于平均发展,也不是扶弱压强。只有各校立足校情,齐头并进,整体提高,才能加快我市教育均衡化发展和建设教育强市的进程。

一是充分发挥省示范高中的示范辐射作用。随着高中教育的不断发展,要求各级省示范高中要在全面实施素质教育,努力推进课程改革和教育信息化建设的基础上,主动传播先进的教育理念与优秀的管理和教学经验,为其他学校提供教学研究、课程资源等方面的支持和帮助,充分发挥学校的实验、示范和辐射作用。在高中毕业班工作推进过程中,在校长互访的基础上,应让高中毕业班教师结对帮扶、互相听课、联合评卷、共同研讨蔚然成风。

二是抓好师资水平的整体提高。完善和促进教师专业成长的激励机制,整体提高师资水平,是全面提高毕业班工作质量的一项重要内容。在抓高中毕业班工作时,我们应对本届毕业班任课教师的情况进行全面的摸底,根据各校还有相当一部分毕业班教师是新任毕业班教学工作的实际,我们在毕业班工作计划中应明确要求各高中要充分重视青年教师的培养和使用,对他们政治上多关心,生活上多照顾,教学上多信任,教改上多关注;要制定出切实可行的实施方案,充分发挥骨干教师和学科带头人的作用,采取名师指导、跟踪听课等措施,落实新老教师之间青蓝结对工作,促进师资水平的整体提高。各校应为每一位教师的成长设定目标,发现和培养典型,对有潜质、有发展前途的青年教师进行了扶植和培养,为毕业班教育教学注入新的活力。广大教学一线的老教师以老带新,充分发挥教学中坚的榜样力量。

三是加大分类指导的工作力度。在加强质量跟踪监控的过程中,各校应立足学生实际,加强教学常规管理,更好地注意双基知识的过关,注重对中等及中等以下学生的培养,使教育教学质量全面提升。

3.教研工作的扎实推进和不断深化,是高考成绩稳步提高的强劲动力。

抓好教学、教研工作是毕业班工作的中心任务。高中毕业班工作应遵循

“面向全体学生，因材施教，向教学研究要质量，向常规管理要质量，向课堂教学要质量”的工作思路，扎实开展教研工作，为教育教学质量的持续提高提供了有力的保障。

一是重视对高考的研究。各高中应在认真研究2010届高考出现的新情况、新问题的基础上，及时组织学习高考命题的人文性原则、导向性原则、区分性原则、科学性原则、全面性原则和公平性原则等六个基本原则的具体内容，有力地把握了我省高考自主命题强化回归课本，反对题海战术，逐步向新课程理念靠拢，努力向能力立意转化的命题方向。明确我省自主命题“重视主干知识、应用能力、科学素质和人文精神培养，重视引导学生关注生活，放眼世界，养成良好的世界意识和现代意识”的命题特色。

二是加强有效教学研究。在组织教学研究过程中，名校应努力做到把教学大纲、高考考试大纲、教材和近几年高考试题结合起来进行研究，具体制定出每一个知识点在新课教学、一轮复习、二轮复习和知识回扣阶段应分别达到的教学目标，并有针对性地设计不同阶段的教学、练习和试题。能够立足基础知识和主干知识，注重各个学科的学科思想方法和分析能力的培养，突出教学的实用性、时代性，使教学内容贴近生活、贴近学生、贴近高考。

三是加强课堂教学研究。课堂教学是毕业班工作的主阵地。高中毕业班的教学研究应坚持效率优先原则，课堂教学只有面向全体学生，促全面发展才能取得最大的效益；只有注重尖子生的培养，重视中等生、偏科生、体艺生素质的全面提高，因材施教，分类推进，既有点上的突破，也有面上的丰收，点面结合，实现整体优化，才能取得高水平的效益。各校在具体的课堂教学实践中应坚持“内容新，情景新，思路新，方法新”的教学原则，使学生通过复习都能做到温故知新，温故而创新；使学生对所学的知识进行全面、系统的复习和梳理，巩固所学的知识，构建知识的网络化体系，提高分析、综合解决问题的能力，从而全面提高总复习的针对性和实效性。

总之，我们应以2010年高中毕业班所取得的成绩为新的起点，抓早、抓实、抓好2011年的高中毕业班工作，为桐城的教育发展，为桐城的经济社会的建设和发展多做贡献。

后 记

党和国家高度重视教育,重视教师队伍建设。作为一名教研员,我深深体会到教师之于教育的重要性。由于工作的关系,听课、评课是我的工作常态,同一次教学视导中,经常会遇到不同学校的不同的老师讲授相同的教学内容,其教学效果可以说高下立判,教学水平高的老师,课堂教学效果就是好。经验告诉我们,一个学校的教师水平决定了这所学校的办学水平,要提高学校的教学质量,就必须提高全校教师的教学水平。作为一名中学语文教研员,20多年来我一直致力于教师的专业化成长。我深知个人的力量是渺小的,从2001年秋季成立桐城市中学语文首届课改中心组开始,已经换了四届中心组了。每届中心组都有十一二位骨干教师,我们因为"语文教研"的话题经常相聚。在新课改培训会的会场内外,我们一同向专家请教;在全市中高考研讨会的准备会上,我们一同研习备考方略;在语文优质课竞赛的课堂上,我们一同做评委;在《桐城教研》编辑室里,我们一同修改稿件。在这样充满激情的团队中,我们共同呼吸"语文教研"的阳光雨露,许多同志逐渐成长为我市语文学科的教学骨干和领头人。

为了打造一支高素质、专业化的教师队伍,在教育局领导的支持下,我牵头申报了省级立项课题"教师专业成长区域推进途径与方式研究"。该课题于2010年9月由安徽省教育科学规划领导小组办公室正式立项,2013年12月成功结题。教师专业化成长是永恒的话题,结题之后,我们课题组继续开展活动,不断总结经验,不断拓展新的方法,持续巩固已经取得的教师专业化成长的成果。本书就收录了我们推进教师专业化成长的相关思考和实践案例,其中的案例就是我们进行课题研究的实录,报告来源于实地调查,方法提炼于课题研究,可操作性强。

多年的实践告诉我们。教师专业化成长问题涉及的范围广,要做好这项工作,要从多方面发力:

第一,强化师德。习近平总书记高度重视教师队伍建设,提出了"四有"好老师、"四个引路人"等一系列要求,为教师队伍建设指明了方向。"四有"好老师,即有理想信念,有道德情操,有扎实学识,有仁爱之心。鼓励教师做学生锤炼品格的引路人、学习知识的引路人、创新思维的引路人、奉献祖国的引路人。教育管理部门要着力引导广大教师敬业爱岗、乐于奉献,要从制度层面激励教师以讲台为荣,乐于从教。

第二,锻造技能。引导教师让学习成为习惯,面对新的教育理念、新的知识、新的方法,只有学习,学习,再学习。于漪说过,我做了一辈子教师,但一辈子还在学做教师。认真学习,虚心学习,不断学习,是名师人生的主旋律。因此平时就要多读书。教师不能只读课本,只读教学参考书,要潜下心来读理论书,读专业书,读课程标准!另外还要积极参加各种培训,不断更新教育理念。立德树人,五育并举,只有教师仰望星空,学生才能放眼世界。

第三,积极参与校本研究,积极参与教研组、备课组集体研修,踊跃开设公开课、示范课、研究课、竞赛课,认真撰写反思笔记。教学与研究是成就名师的"双翼",教学是研究不竭的源头活水,研究是教学富有生命与活力的有力保障。教育研究、写作使教师不断攀升,教育研究与写作尤其是课题研究为名师插上了腾飞的翅膀。

苏霍姆林斯基说过,如果你想让教师的劳动能够给教师带来乐趣,使天天上课不至于变成一种单调乏味的义务,那你就应当引导每一位教师走上从事研究这条幸福的道路上来。二十二年教研工作,让我与一线教师结下了深厚的友谊,课题研究赋予我们交流学习的平台。感谢一路相伴而行的良师益友!在今后的日子里,我们将继续携手前行,共同守望语文教育与科研的家园,共同创造桐城教育的美好明天。

感谢安徽师范大学出版社的房国贵老师和李克非老师,他们为本书的出版做了大量有益的工作。谢谢他们!

朱正茂

二〇二一年二月十八日